■ 本书为浙江省哲学社会科学后期资助课题"西湖文化景观研究——以城市乌托邦为视角"（23HQZZ54YB）研究成果

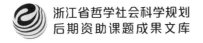

浙江省哲学社会科学规划
后期资助课题成果文库

理想城市

环境与诗性

李 燕 著

ZHEJIANG UNIVERSITY PRESS
浙江大学出版社
·杭州·

图书在版编目（CIP）数据

理想城市：环境与诗性 /李燕著. -- 杭州：浙江
大学出版社，2023.10
ISBN 978-7-308-24283-7

Ⅰ.①理… Ⅱ.①李… Ⅲ.①城市文化—文化史—研
究—杭州 Ⅳ.①K295.51

中国国家版本馆CIP数据核字（2023）第190468号

理想城市：环境与诗性

李 燕 著

策划编辑	吴伟伟	
责任编辑	马一萍	
责任校对	陈逸行	
装帧设计	周 灵	
出版发行	浙江大学出版社	
	（杭州市天目山路148号　邮政编码：310007）	
	（网址：http://www.zjupress.com）	
排　　版	浙江大千时代文化传媒有限公司	
印　　刷	杭州宏雅印刷有限公司	
开　　本	880mm×1230mm　1/32	
印　　张	7.5	
字　　数	226千	
版 印 次	2023年10月第1版　2023年10月第1次印刷	
书　　号	ISBN 978-7-308-24283-7	
定　　价	78.00元	

浙江大学出版社市场运营中心联系方式：　（0571）88925591；http://zjdxcbs.tmall.com

前　言

一

乌托邦（Utopia）源于西方，是理想境界与完美社会的代名词。古希腊"救世主"国家 [1] 可视为最早的乌托邦雏形。近代翻译家严复将 Utopia 翻译为"乌托邦"引入中国，并将莫尔的《乌托邦》拉丁文版的书名解释为"关于大同盛治或乌托邦的叙述" [2]。儒家的"大同社会"与柏拉图的"理想国"几乎在同一时期产生，表明了无论是西方还是东方对于美好世界和理想城市的愿景和构想在早期文明中就已出现。在我国，《尚书》《礼记》等经典中对"天下大同"理想国家的构想，形成了中国古代社会运行的底层逻辑。中国式乌托邦根植于中国历史文化，呈现出与西方乌托邦不同的独特魅力。它具有非宗教性和世俗化的一面，渗透在社会政治理念与社会生活实践中，也凝结在城市与传统建筑空间上。

文化景观突出强调的是自然与文化相结合后所具备的价值。西湖文化景观"是中国第一个自主提名并获得国际认可的世界遗产文化景观，具有里程碑式的意义" [3]。从世界文化景观遗产的角度而言，西湖文化景观是"有意设计的景观"和"关联性景观"，更多代表的是人类思想与智慧施于景观，

---

[1] 乔·奥·赫茨勒：《乌托邦思想史》，张兆麟等译，商务印书馆，1990年，第13页。

[2] 托马斯·莫尔：《乌托邦》，戴镏龄译，商务印书馆，2011年，第161页。

[3] 韩锋：《探索前行中的文化景观》，《中国园林》2012年第5期，第5页。

3

以及景观被形塑、强化和改造而成为从古至今极具美学价值作品的典范。理想城市设计之于城市，既是中国山水美学精神的空间载体，也是理想人居环境和理想社会的一种发展模式。

西湖作为开放性、公共性的城市空间，具备西方意义上的乌托邦特征，即城市人居环境的公平、正义与共享；同时作为东方文化语境中的"人间天堂"[1]，满足了市民物质层面的基本需求和精神层面的诗性想象。

"西湖梦"是中国式乌托邦的一种审美表达。但它从来就不是虚幻的梦想，而是从古至今一直扎根于现实的市民生活场域，寄托着帝王、循吏、文人，甚至异域人士等各类群体共同的"梦"——城市的繁华、社会的和谐、环境的宜居、个人价值的实现，等等。

> 矧时异事殊，城池苑囿之富，风俗人物之盛，焉保其常如畴昔哉！缅怀往事，殆犹梦也。[2]
>
> ——吴自牧《梦粱录》
>
> 予有西湖梦，西湖亦梦予。三年成阔别，近事竟何如？况有诸贤在，他时终卜庐。但恐吾归日，君还轩冕拘。[3]
>
> ——王守仁《寄西湖友》
>
> 供奉之梦天姥也，如神女名姝，梦所未见，其梦也幻。余之梦西湖也，如家园眷属，梦所故有，其梦也真。[4]
>
> ——张岱《西湖梦寻》
>
> ……雄伟壮丽的行在（杭州市），这个名字是"天城"的意思。因为这座城市的庄严和秀丽，堪为世界其他城市之冠。这里名胜古迹

---

[1] 范成大《吴郡志》载："上有天堂，下有苏杭。"人间天堂是对杭州美好生活环境的一种赞誉。

[2] 吴自牧：《梦粱录》，浙江人民出版社，1980年，第1-2页。

[3] 王守仁：《王文成公全书》，王晓昕、赵平略点校，中华书局，2015年，第812页。

[4] 张岱：《西湖梦寻》，马兴荣点校，中华书局，2007年，第119页。

非常之多，使人们想象自己仿佛生活在天堂，所以有"天城"之名。[1]

——马可·波罗《马可波罗行纪》

可见对许多游客来说，西湖即便是初游，也有旧梦重温的味道。这简直成了中国文化中的一个常用意象，摩挲中国文化一久，心头都会有这个湖。[2]

——余秋雨《西湖梦》

……

凡此种种，不由得让人思考，西湖是如何从一个天然潟湖转变为承载着文人志士之"梦"的"文化湖"？西方传教士为什么视西湖所在之杭州为"乌托邦"？它与杭州的历史、经济和文化之关系如何，又是如何超越单纯风景名胜之名义？西湖山水城市乌托邦是否具有中国城市运营之典范性，对当今城市规划建设有何启迪意义？城市与山水之间如何构成一个具有活色生香形态的实体"乌托邦"？以上既是对西湖作为世界文化景观遗产价值的再认识，也是对西湖作为山水城市理想典范的重新审视。

二

"西湖梦"的实质是什么？它是如何形成的？从中西方乌托邦思想比较来看，西湖梦既有类似于西方乌托邦中与公共性相关的内涵、价值和意义，又有十分深厚的中国传统文化渊源。

比较"桃花源"与"西湖梦"两种中国式乌托邦的差异，我们可以发现"桃花源"是虚幻的、乡村形态的乌托邦，而"西湖梦"是实体的、城

---

[1]　马可·波罗：《马可波罗行纪》，冯承钧译，上海书店出版社，2001年，第175页。

[2]　余秋雨：《文化苦旅》，中国文学出版社，2009年，第124页。

市形态的乌托邦，是中国式乌托邦从虚幻到真实、从想象到实践的具体案例。因而，从"桃花源"走向"西湖梦"具有历史必然性。由于西方旅行家、传教士的文化交流和传播，在西方国家形成了有关"天城"的西湖乌托邦想象。中国传统文化中的"西湖梦"和西方文化中的"天城"想象，是西湖山水城市理想形象的重要方面。

历代西湖水系治理与城市发展历程之间存在一定的耦合关系，湖城之间互促互融，最终形成了独特的西湖山水城市发展机制。"西湖梦"是平等之梦、开放之梦，也是不断奋进演化之梦，是在湖城动态发展历程中，经过历朝历代帝王、循吏、士、商、民等多元主体共同参与构建形成的。空间、景观和人的活动三者共同构成了西湖山水城市理想模型形成和发展的动因。

"西湖梦"蕴含着中国大同社会的理想城市构建，是"人的乌托邦""实体的乌托邦"和"诗性的乌托邦"的集成，分别对应着主体性、空间性和传播性三个维度的研究。

一是从"人的乌托邦"的视角展开主体性的讨论。以白居易、苏轼为代表的主政者，拥有循吏与文人的双重身份，他们既是城市的建设者、管理者，也是西湖景观的塑造者、文化的引领者。他们是中国儒家文化中的"君子"。以白、苏为代表的主政者拥有"民本""中隐"两种人格精神，融合了仕与隐、禅与俗、内与外等关系。此两种人格精神形成了城市审美精神的内倾化和世俗化并行的文化表征。在西湖治理过程中，古代有"君主与士大夫"共治、官绅共治，近代以来又出现了"人民团体""社会复合主体"等多元治理模式。西湖作为开放性的公共空间，由于帝王、循吏、文化精英以及士、农、工、商等各个阶层民众不同程度地参与治理，逐渐演变为多元共治的公共场域。各主体基于对西湖公共性文化功能的自觉认知，形成了广泛的文化认同与价值认同。

　　二是从"实体的乌托邦"的视角展开空间性的讨论。以景观园林、寺庙园林为主要形式的公共空间为城市公共性的展开提供了物理空间载体。公共空间既是物理形态的实体空间，同时又是文化形态的场所依赖。以"西湖十景"为核心的公共游赏体系与以寺观园林为载体的公共活动体系是西湖山水景观公共化的重要路径。近代以来的三次公园化——民国时期西方现代公园的引入、20世纪五六十年代"人民公园"的公有化改造、21世纪初"免费西湖"的开放性共享，均不断增强了西湖作为城市公共空间与文化产品的公共属性。景观公共空间的景观文治，寺观公共空间的禅俗并置，以及近代西方现代公园引进后的中西合璧，均促进了作为物理空间的西湖向公共文化空间的转变，从而增强了西湖的公共性。由此，西湖山水城市在空间上的演绎，呈现出启迪民智、教化民众、涵养性情、栖居精神的文化湖之特性，进而成为服务普罗大众的公共产品，以及发展城市公共意识、塑造理想城市生活的共同场所。

　　三是从"诗性的乌托邦"的视角展开传播性的讨论。以"西湖十景"题名景观为中心的诗、画、小说、戏曲等文学艺术创作形成共同的媒介记忆，构建并强化了西湖"诗情画意""如梦似幻"的审美形象。明代文人在游记、散文中描绘了亦真亦幻的"西湖梦"。康熙、乾隆热衷于"巡幸"西湖，宫廷画师对西湖进行"圣境化"创作，随着这些应制图像的广泛传播，西湖文化景观形象进一步深入人心，同时推动了西湖游赏向大众化发展。在商品经济中，"西湖梦"形象通过版画、瓷器、丝绸、广告等媒介，在人们的日常生活中得到普及。

　　此外，"西湖梦"从文化构建到园林设计都深深影响了外域，特别是对日本、韩国等亚洲国家的文化产生了极为重要的影响。西湖文化景观作为一种文化模型在实践层面受到各地的模仿，如在日本、韩国、越南等国家存在不少园林仿制情况。由此可见，西湖审美形象的传播，对城市内部而言，增强了各阶层的文化认同和精神归属；对外则塑造和强化了西湖"人间天堂"形象。

"西湖梦"与公共性获得之间存在某种内在逻辑关系，这是西湖文化景观作为活着的历史文脉能绵延至今且仍然魅力不减的重要原因。因而，研究以"西湖梦"为代表的理想城市发展模型并非强调其独特性，而是希望挖掘其背后的共性机制，即公共性在历史文脉的延续中发挥着怎样的作用，这才是值得所有现代城市普遍重视的。

三

杭州西湖作为世界文化景观遗产，是城市规划中宜居环境的典范，也是中国历史上最具有杰出精神栖居功能的"文化名湖"。"山—水—湖—城"的空间结构是中国古代城市规划与建设的智慧结晶。经过千年的历史演进，以西湖水体为核心的自然山水要素和丰富的人类城市文化要素相互交融，"天人合一"的哲学思想与"三生融合"[1]的城市发展实践紧密结合，形成了一个理想城市发展模型。从城市形态上看，西湖处于城市与山水的连接带上，这种半城半郊的空间属性，恰是城市文明活力生发和价值创造的审美实体[2]和精神场所。

以公共性视角分析西湖作为城市乌托邦实体的文化价值，让西湖的价值不再局限于自然景观和休闲旅游功能，而是呈现出作为公共场域的丰富内涵。城市近郊的湖泊、河流，随着城镇化的推进而成为城市内湖、内河，与城市发展与居民生活休戚相关。城市与山林之间的绵延地带最具有公共

---

[1]　"三生融合"指生态、生产、生活三者融合发展。

[2]　陈文锦：《西湖申遗——西湖定义：最能体现中国传统文化核心价值的审美实体》，《风景名胜》2009年第1期，第42-43页。

性价值。然而，这些区域往往因具备较高的土地价值而被高强度开发，不少历史建筑和文化遗迹在城市的无序蔓延中消失，湮灭于历史长河之中。

　　每座城市都有曾经介于城郊之间、经过人类漫长文化活动浸淫的区域，对于一座城市而言，其公共价值不言而喻。遗憾的是，其在急功近利、功能过度分区的现代城市规划中并未得到应有的重视。有些地方赶走原居民，拆掉历史建筑，封闭历史街区，热衷于打造所谓的"异托邦"，以吸引游客。殊不知清空原有的在地文化，抹去原始居民的生产生活痕迹，割断人与人之间的日常交往，城市便也失去了公共性，导致出现大量簇新的仿古空城和了无生趣的"鬼城"。本书希望借由对西湖山水景观的个案分析，引导那些具有山水资源的城市在城市规划中加强对历史文脉的传承与挖掘，以公共性价值为导向进行整体性开发。例如，加强保护半城市化的滨水空间，将其打造成老百姓的共享空间和公共产品，使其成为居民的精神栖居之所。

目 录

第一章　中西方文化视野下的理想城市

何谓理想城市？据联合国人居中心在 1996 年发布的《伊斯坦布尔宣言》，理想城市应"为人类能够过上有尊严、身体健康、安全、幸福和充满希望的美好生活的地方"。在西方文化中，乌托邦是理想城市的基础模型；而在我国，古代理想城市背后蕴含着丰富的古典哲学思想，糅合了儒、道、法等各家思想精髓，更追求"天人合一"的美好境界。

第一节　西方理想城市

在西方文化中，要探究何谓理想城市，必然会提到乌托邦文化传统。"乌托邦"（Utopia）一词是由英国空想社会主义者、哲学家、政治家莫尔创造出来，Utopia "是对 Outopia 和 Eutopia 的戏仿：Outopia 意为'不存在之地'，而 Eutopia 则意为'理想之地'"[1]。因此就其本意而言，乌托邦兼有"乌有之乡"和"美好之乡"的双重含义。《牛津英语词典》列举其含义：（1）托马斯·莫尔所描述的一个想象中的岛，在这个岛上，有一个具备完美法律和政治制度的理想社会；（2）在政治、法律、风俗、生活状态等一切方面都完美无缺的国家、地域或者是场所；

---

[1]　刘易斯·芒福德：《乌托邦的故事：半部人类史》，梁本彬、王社国译，北京大学出版社，2019 年，第 261 页。

（3）一种不可能的理想计划，特别是社会改革计划；（4）在任何想象中的或不明确的遥远的国家、地域或者是场所。[1]

综上，乌托邦指没有此邦，但同时也勾画着理想化的最美好社会。乌托邦概念本身存在吊诡的悖论，即"乌托邦可能存在也可能不存在，如果它是完美无缺的理想，它将不可能存在；如果它确实存在，它将不可能是完美无缺的，只能是相对有意义或实际上是反乌托邦"[2]。狭义的乌托邦一般特指莫尔在《乌托邦》一书中描述的"乌托邦岛"（见图1-1），而广义的乌托邦则被解释为一切完美的理想社会和理想生活。

图1-1　莫尔《乌托邦》中的乌托邦岛

[1]　The Oxford English Dictionary, Oxford University Press, 1989：370-371.

[2]　成中英、阮凯：《乌托邦吊诡及其解决之道——从柏拉图的理想国到儒家的大同世界》，《探索与争鸣》2016年第12期，第4-8页。

在莫尔的书中，通过自称为是"伦敦公民和司法长官"的人的转述，将一个名叫"拉斐尔·希斯拉德"（Raphael Hythloday）的航海家与一个名叫"莫鲁斯"的人关于最佳政制状态的两次谈话内容呈现出来，描述了一个没有阶级、没有私有制度的理想社会——共和国的最佳状态（optimus status republicae）。尽管在书的最后，莫尔也认为"乌托邦国家有非常多的特征，我虽愿意我们的这些国家也具有，但毕竟难以希望看到这种特征能够实现"[1]。

回溯西方的乌托邦传统，早期多是从理念角度提出构想。柏拉图以绝对理念和道德真理为基础构建了一个乌托邦——他称为理想国，但是缺乏实践性的设计。诞生于文艺复兴时期的莫尔，对英国都铎王朝时期"圈地运动"和"羊吃人"的现象进行了全面批判，构想出了一个完美的乌托邦城及其完整的经济、法律、政治、宗教等社会组织结构。《乌托邦》明确提出了理想国家的社会制度和政治生态的构想，并描述了具体的物质空间环境。[2]

乌托邦作为"空想社会主义的鼻祖"[3]，拥有理想中的"人间福地"和历史中的"乌有之乡"两重性，正如刘易斯·芒福德所言，"理想国（Utopia）是城市的起源结构中不可缺少的组成部分，而且正是由于城市从最起初就采取了最理想的方案形式，城市才将一系列的事物逐一化为现实"[4]。

在《乌托邦》之后，托马斯·康帕内拉（Tommas Campanella）的《太阳城》（1612）、约翰·安德里亚（Johann Andreae）的《基督城》（1619）、弗朗西斯·培根（Francis Bacon）的《新大西岛》（1627）、卡尔·莫里

---

[1] 托马斯·莫尔：《乌托邦》，戴镏龄译，商务印书馆，2011 年，第 119 页。

[2] 戚子鑫：《图示〈乌托邦〉》，《华中建筑》2010 年第 5 期，第 10-13 页。

[3] 托马斯·莫尔：《乌托邦》，戴镏龄译，商务印书馆，2011 年，第 115 页。

[4] 刘易斯·芒福德：《城市发展史——起源、演变和前景》，宋俊岭、倪文彦译，中国建筑工业出版社，2005 年，第 34 页。

斯（Charles Morris）的《来自乌有之乡的消息》（1890）等一批小说，描写了乌托邦的空间载体，并将乌托邦的形式更加泛化。到空想社会主义时期，罗伯特·欧文（Robert Owen）提出"新谐和村"、卡尔·博立叶（Charles Fourier）创办法郎吉和千家村，则展开了"实体乌托邦"的构建，但由于过于脱离现实，均以失败告终。到近代，随着资本主义兴起、启蒙主义运动和法国革命的冲击，乌托邦逐渐从道德理想主义向政治现实主义过渡。

与此同时，西方学者有关城市乌托邦的构想也逐步付诸现实规划实践。1902年，埃比尼泽·霍华德（Ebenezer Howard）的《明日的田园城市》出版，他所提出的田园城市理念与其他城市乌托邦的不同之处在于，其实现的可能性超越以往，将人的栖居理想与现实之间的距离前所未有地拉近了。诚如霍华德本人所言，"田园城市不仅是一个梦想或一个政治理念，而且是一项发明，这座城市完全可以在图纸上表达出来"[1]。他提出将城市空间环境与社会城市改革相结合，并且积极开展了实验性的规划建设。由此，从"理想国"到"乌托邦"再到"田园城市"，城市乌托邦从理念思想、道德准则和超越历史的范型，逐渐转向探求历史可能性的美好城市实体。

那么，何谓城市乌托邦呢？现代规划学者认为，城市乌托邦是一种希望通过设计和建造理想城市来解决现实城市问题和社会问题的思想观念[2]，既包括乌托邦精神和乌托邦思想，也包括乌托邦实体的构想与建设。早期的城市乌托邦，偏向思想理念而不注重实体构建，如柏拉图的《理想国》充斥着理想城市的理念，却未呈现明确的理想实体。但是，城市乌托邦最终需要依托乌托邦城市实体而呈现，而小说文本中构想的乌托邦城市，通常是封闭的、静态的、缺乏历史维度。换言之，无论是基于现实的还是

---

[1] 彼得·霍尔、科林·沃德：《社会城市——埃比尼泽·霍华德的遗产》，黄怡译，中国建筑工业出版社，2009年，第6页。

[2] 王耀武：《西方城市乌托邦思想与实践研究》，中国建筑工业出版社，2012年，第7页。

虚构的乌托邦城市，背后都体现了一种城市乌托邦的精神。

在城市规划的实践中，乌托邦实现了从思想意识到乌托邦实体的跨越。无论是西方还是中国都留下了丰富的城市乌托邦设计思想。从柏拉图的《理想国》及《蒂迈欧篇》中的"亚特兰蒂斯"到文艺复兴时期托马斯·莫尔的《乌托邦》，再到19世纪爱德华·贝拉米（Edward Bellamy）的《回顾》，城市乌托邦的构想有着源远流长的历史。现代主义以降，以霍华德、柯布西耶、林奇等为代表的现代主义规划师将长久以来闪耀于纸上的理想城市构想付诸实践，使乌托邦思想成为批判现实、指向未来的规划理念，对当今西方城市的规划和发展产生了重要影响。

只要对经典乌托邦文本进行比较就可以发现，无论是柏拉图的"亚特兰蒂斯海洋岛国"、莫尔的"乌托邦岛"、康帕内拉的"太阳城"、哈林顿的"大洋国"或是培根的"新大西岛"，都被刻意设定在与原有空间秩序相隔离的封闭之岛上，于是，历史的、文化的特质在这片全新的地理空间中被抹平了。如乌托邦岛的54座城市，几乎是一模一样的设置，没有什么差别；太阳岛上所有的居民都居住在均质化的城墙范围之中。田园城市中蕴含着实现社会公平和推动社会改革的思想意图，"社会城市"的运行体系、全民所有的土地制度、公平就业和生存权等构想都体现了对"人"的关注，是"真正通往改革的和平的道路"。[1]

---

[1] 埃比尼泽·霍华德：《明日的田园城市》，金经元译，商务印书馆，2000年，第108-112页。

第二节　中国式乌托邦

中国式乌托邦[1] 主要是指在以儒家思想为主导的传统文化中形成的具有道德政治色彩的理想社会。儒家思想具有明确的公私观立场，"崇公抑私""天下大同"既是理想社会的政治形态，也是个人道德修养的至高目标。

中国式乌托邦形象可溯源至《诗经》中的乐土，但从思想来源上看主要来自传统的公私观。儒家思想基本保持了"崇公抑私"的立场，并采取积极入世的实践精神，主张以"王道仁政"治理国家。《礼记》中提出了"天下为公"的行道治国之原则，构建了大同社会模式，其突出特点表现为"天下为公"（权力公有、财产共有）的社会制度、"选贤与能"（民举、以德业为标准）的管理体制和"讲信修睦"（淳朴的集体主义精神）的人际关系。[2] "大同世界"是儒家早期理想社会的原型，据《礼记·礼运》记载：

> 大道之行也，天下为公。选贤与能，讲信修睦，故人不独亲其亲，不独子其子，使老有所终，壮有所用，幼有所长，鳏、寡、孤、独、废疾者，皆有所养。男有分，女有归。货恶其弃于地也，不必藏于己；力恶其不出于身也，不必为己。是故，谋闭而不兴，盗窃乱贼而不作，故外户而不闭，是谓大同。[3]

在道家思想中，老子提出了"小国寡民"的社会理想；庄子进一步提出"至德之世"，以"道"治理天下，追求百姓生活自足、民风敦厚质朴、内心自由、精神超脱的道德社会。《道德经》第八十章提出：

---

[1]　"中国式乌托邦"主要指的是以"儒教乌托邦"为核心价值的"乌托邦"。参见周宁：《东风西渐：从孔教乌托邦到红色圣地》，《文艺理论与批评》2003 年第 1 期，第 122-137 页。

[2]　田杰英：《〈礼运〉社会理想研究》，中共中央党校博士学位论文，2014 年。

[3]　《礼记·礼运》，陈澔注，金晓东校点，上海古籍出版社，2016 年，第 248 页。

小国寡民。使有什伯之器而不用，使民重死而不远徙。虽有舟舆，无所乘之；虽有甲兵，无所陈之。使民复结绳而用之。甘其食，美其服，安其居，乐其俗。邻国相望，鸡犬之声相闻，民至老死，不相往来。[1]

庄子继承了老子的观点，以"道通为一"的本体之道消解了儒家的礼治、德治的等级秩序，绝弃了以家国为中心的"亲亲""尊尊"宗法伦理束缚。他在《庄子·马蹄》中指出，"民之常性本与天地同德"，"无知""无欲"顺应自然规律，就是最好的社会治理。这种无为而治的自然主义政治理想，由作为本体的"道"，贯穿于天下治理和个人自由超绝的精神世界。"道"无所不在，无时不有，所具有的无等差性，本身包含着自由、平等和公平的内涵。[2]《庄子·天地》亦有与"至德之世"相似的描述："四海之内共利之之谓悦，共给之之谓安。"

墨家宣扬兼爱精神，其理想社会的特点是"刑政治，万民和，国家富，财用足，百姓皆得暖衣饱食，便宁无忧"[3]。兼爱的价值原则要求突破血缘亲疏远近和身份贵贱等级之分，追求一种普遍性的仁爱，突出了仁义价值的至上性、公共性。[4]在公私关系中，把天下兴亡、百姓安乐当作自我行动的自觉准绳，"举公义，辟私怨"[5]。墨家主张人格平等，"人无长幼贵贱，皆天之臣也"[6]。这种"夫爱人者，人必从而爱之；利人者，人必从而利之"[7]的道德要求，有助于培养像大禹一样的兼士，形劳天下而

---

[1]　陈鼓应：《老子今注今译》，商务印书馆，2003 年，第 345 页。

[2]　王霞：《庄子与莫尔生态政治思想的共性——〈庄子〉与〈乌托邦〉之比较》，《商丘师范学院学报》2019 年第 8 期，第 15-20 页。

[3]　《墨子·天志中》，方勇译注，中华书局，2015 年，第 225 页。

[4]　盖立涛：《墨家的天下关怀与公共精神》，《理论月刊》2017 年第 3 期，第 41-45 页。

[5]　《墨子·尚贤上》，方勇译注，中华书局，2015 年，第 53 页。

[6]　《墨子·法仪》，方勇译注，中华书局，2015 年，第 23 页。

[7]　《墨子·兼爱》，方勇译注，中华书局，2015 年，第 27 页。

不为个人私利，"日夜不休，以自苦为极"[1]。总之，墨家思想中呈现了一个具有公共精神的和谐社会，财产可以共享，人人相互关爱、相互帮助。"兴天下之利，除天下之害"是兼士的人生使命，他们以极高的道德要求，积极承担公共责任，"有力者疾以助人，有财者勉以分人，有道者劝以教人"[2]，最终"饥者得食，寒者得衣，劳者得息，乱者得治"[3]。这种带有乌托邦色彩的政治主张一时受到追捧，但因与儒家宗法社会存在冲突，到独尊儒术的时代就逐渐消亡了。

另外，韩非子也描绘了"因道全法"[4]的"治安之世"。"明主之道，必明于公私之分"，因为"私义行则乱，公义行则治"，所以必须通过法制去除私恩。

由此可见，在中国早期文明中，儒家、道家、墨家、法家等学派均构想了与其政治主张相适配的理想社会。尽管在思想理念、价值取向、方法路径、社会实践等方面不尽相同，但是总体而言，在"公私"观念上是趋于一致的，即在其理想社会中追求公利而不为私欲，讲究德行、倡导平等和谐。这说明在中国早期文明中，已蕴含公共性的思想雏形。

大同社会作为儒家治国的终极理想，具有一定的乌托邦色彩。相比而言，"小康"理想、"大顺"理想则更接近历史现实。针对周礼衰微带来的社会问题，孔子提出要通过恢复礼制来调和社会矛盾、稳定社会秩序。虽然古代的礼制已经消亡，但是人们对于大同理想社会的阐释、追求却并没有停止，它在往后两千多年的历史中一直有着不竭的生命力。

当1583年（明神宗万历十一年）利玛窦来到中国居住之后，他认为中国几乎就是西方语境中的乌托邦所在。他在《札记》中一一列举了相似

[1] 《庄子·天下》，方勇译注，中华书局，2015年，第576页。
[2] 《墨子·尚贤》，方勇译注，中华书局，2015年，第79页。
[3] 《墨子·非命》，方勇译注，中华书局，2015年，第79页。
[4] 《韩非子·大体》，高华平等译注，中华书局，2015年，第314页。

特征：

一、中国处于东方海上一个遥远的、神秘的地方，既靠近东方乐园或乌托邦可能出现的地方，又靠近传说中的长老约翰的国土。中国是一个封闭的、几千年与世隔绝的社会，西方不知道他们，他们也不关心西方，中国人在地理与心理上都处于封闭的、平静的、稳定的状态。

二、中国的领导者是一个具有哲人王素质的皇帝，他公正、智慧、仁慈。他在一些孔夫子的道德哲学培养出的哲学家的辅佐下，在千年和平与幸福中统治他的国家。

三、中国社会的确具有某种大一统极权特征，自信掌握了真理与正义的皇帝，既是人民的统治者又是人民的教师。他以绝对的权威和仁慈管理一个道德淳朴的民族，和谐的制度使一个庞大的国家变成一个和睦的家庭。每一个人都随时准备为了公理与责任放弃个人的利益。

四、中国社会将教育当作维护理想的社会秩序、保证正义与公理的基础。他们像柏拉图在《理想国》中那样，详细地制定子弟的教育计划，严格地规定其道德与知识教育的内容与方式，并开创了一种卓有成效的考试制度，为国家管理与公共事务遴选优秀的人才。正是在这种意义上，中国关于孔夫子的道德哲学的教育，成为理想政治的一种形式。

五、中国的教育与科举制度，为每一个人提供机会。中国没有贵族，知识与德行可以使一个人升到高位，过失与无知也可能使他处于底层。中国是一个平等的社会。尽管不反对私有财产并有时堕入奢华，但绝大多数人崇尚劳动与节俭、热爱家庭与邻里。

六、中国的确像乌托邦社会那样，臻于至善至福、完美无缺。因此也就无需任何改变，在几千年的历史上保持着某种令人美慕的和平与稳定。中国是一个静态的、永恒的社会，任何灾难与变故，最终都无法改变它。那些比耶稣更早降生的中国哲人们，为中国制定了道德国家的律令，以后人们便毫无改变地遵循它，将来也不会改变……[1]

第三节　公共性与公私观

无论是西方的乌托邦还是中国文化中的理想社会，公私关系都是绕不开的命题。柏拉图将城邦设想为公共生活的空间，与之对应的家庭则是"私"的根源，因此他提出废除家庭以达到"公"统治"私"的目的。莫尔继承了古代城邦思想，但是没有提出废除家庭，反而要求以家庭为单位进行管理，他认为"全乌托邦岛是一个家庭"[2]。但在这里，家庭并非中国传统文化中以血缘联结家族关系这一意义上的家庭，而是开放性家庭。在中国，传统公私观总体上维持"崇公抑私"的道德立场，但在家国同构的差序格局中，个体又往往被编织在群体当中，呈现出与西方不同的文化特征。

纵观西方各种城市乌托邦模型，在谈论其是否具有"乌托邦性"时，基本准则有两条：一是无论何种形态的乌托邦都是建立在对现实批判基础上的理想城市的构建；二是具备公共性的特征。

---

[1] 利玛窦、金尼阁：《利玛窦中国札记》，何高济等译，中华书局，1983年，第59页、第27页。参见周宁：《孔教乌托邦》，学苑出版社，2004年，第148页。

[2] 托马斯·莫尔：《乌托邦》，戴镏龄译，商务印书馆，2011年，第132页。

公共性

何谓公共性呢？公共性是城市的本质属性之一。虽然西方哲学发展到了现代才将公共性问题纳入政治哲学的研究视野进行系统阐释，但是，不可否认，公共性确实是城市与生俱来的特征。就早期城市来说，城市集中聚合的变化过程总是伴随着城市社会交往领域的不断扩大，当城市被高大的围墙圈住，城市内部的各种新兴力量之间相互作用，进而提升了整体生产力水平和文明意识。

在城市形成的过程中，单凭村落聚合或者城堡的扩延并不足以形成城市的模型。"所谓城市，系指一种新型的具有象征意义的世界，它不仅代表了当地的人民，还代表了城市的守护神祇，以及整个儿井然有序的空间。"[1] 因而，政治、经济和宗教三者的融合，使得国王的权力获得超自然的确认，国王成为沟通天堂与人间的"达意者"，大型庙宇成为具有象征意义的场所，完成了神权与世俗权力的联合：

> 城市中处于轴心位置的庙宇与城市四周筑成的城墙，构成了早期城市的模型，宇宙的轴线正好穿过庙宇，城墙既是物质性的防御壁垒，又是更有意义的精神界限……从此，人类进一步发展所必需的"精神世界"（innerness）才在城市这样的环境——尤其是在圣界——当中找到了集体的表现形式……[2]

换言之，城墙区隔出城市内外两个世界，在城市之中，人们围绕以大型庙宇为核心的建筑空间开展公共活动，这就使城市生活有了共同的基础，

---

[1] 刘易斯·芒福德：《城市发展史——起源、演变和前景》，宋俊岭、倪文彦译，中国建筑工业出版社，2005年，第39页。

[2] 刘易斯·芒福德：《城市发展史——起源、演变和前景》，宋俊岭、倪文彦译，中国建筑工业出版社，2005年，第53页。

城市成为神人共处的家园。由此可见，城市中的公共空间与公共活动构成了公共性的基础。

汉娜·阿伦特以公共领域为切入点来研究城市的公共性，她将古希腊城邦中公开民主的政治辩论作为"公共领域"（public realm）形成的最早形式。如果追寻源头，那么大部分学者的结论是乌托邦思想发端于古希腊。从某种意义上说，雅典卫城就是人类最早将神话的乌托邦以城市和建筑的方式展现出来[1]，这也成为后世诸多乌托邦构想的现实依据。

首先，公共空间具有开放性。如果说卫城代表着城市的深度，那么广场就代表着城市的广度，广至超越其全部有形的空间界限。[2] 广场、剧院、竞技场等敞开的空间成为公共交流与物资交易的场域，而这种场域远超物质的载体，成为一种精神的象征。

其次，诞生了理想市民。自由市民的出现将原本属于国王或为僭主效忠的官员的权力转移到普通市民手中，因而使得他们获得了私人生活之外的参与公共生活的权利。市民开始参加艺术活动，或在法庭与法官辩论，或参与公共事务，确保市民大会的决议能得到有效执行。总之，无论是政治生活还是艺术审美活动，雅典克服了城市独夫统治和官僚体系，而是让城市与市民合一，生活的每一部分似乎都处于自身造型的、自我塑造的活动中。[3] 古希腊的市民社会时期虽然短暂，但是这种城市公共性的精神却是世界城市发展史上的璀璨华章，其影响深远，甚至对现代城市公共性构建依然具有十分重要的参考借鉴价值。

无论是《理想国》或是《乌托邦》，还是其他属于文艺复兴时期所构

---

[1] 汉娜·阿伦特：《人的条件》，竺乾威等译，上海人民出版社，1999 年，第 38 页。

[2] 刘易斯·芒福德：《城市发展史——起源、演变和前景》，宋俊岭、倪文彦译，中国建筑工业出版社，2005 年，第 173 页。

[3] 刘易斯·芒福德：《城市发展史——起源、演变和前景》，宋俊岭、倪文彦译，中国建筑工业出版社，2005 年，第 180 页。

建的乌托邦城市形象，多数与希腊时期雅典卫城的政治形态有些关联。城市中形式多样、功能迥异的公共空间，它们在居民的日常生活环境、人与自然关系、人与人之间的文化联系等方面具有无可替代的文化价值。因而，公共空间作为城市乌托邦的物理载体，是乌托邦城市模型中最为重要的部分。这或许正是乌托邦小说不厌其烦描绘公园、广场、公共食堂、公共浴室等公共场所的缘由。概而言之，公共空间、公共活动、人三者构成了公共性获得的基本逻辑。

公私观

与西方公共性概念相对应的，是中国传统文化中蕴含的公私观念。"崇公抑私"的立场是中国传统基调，但是在不同历史时期，其所崇之"公"与所抑之"私"的内涵有所区别。从与之相关的概念来看，主要有以下几个方面。

一是区分"公室""私家"。"公室""公门"一般指的是官署、衙门，与之相对应的"私"多指家臣、家奴、民人。[1]公私对立，所谓入公门而无私事。"入公门，鞠躬如也，如不容。"[2]古之士大夫要做到入公门而无私事，"不比周，不朋党"[3]。"公道达而私门塞矣，公义明而私事息矣。"[4]这里的"公"指的是社会公共法则和行为规范，只有每个人都遵循公共法则才能达到公的状态。

二是坚持"公理""公道"。孟子和荀子阐发了具有公共性、普遍性、利于他人、利于社会的"义理"；董仲舒提出了不与民争利的"天理"；

---

[1]　郭齐勇、陈乔见：《孔孟儒家的公私观与公共事务伦理》，《中国社会科学》2009 年第 1 期，第 57-64 页、第 205 页。

[2]　《论语·乡党》。

[3]　《荀子·强国》。

[4]　《荀子·君道》。

程朱理学论证了既是公共的又是为公的，体现仁爱精神的"天理之公"；陆九渊"义利之辨"阐明了与私意、私欲、私理相对立的"公理"。[1] 而"公道"即是"天下为公"。天下为公的政治理想说明：普天之下的一切事物，从自然法则到人世间社会运作规则都源自于"公"，"公"是一切事物的最高法则；一切权力均来自"公"，君主虽然是人间的最高统治者，但君主的权力并非来于私利，君主的职责只是代天行公，而非依天行私。《吕氏春秋·贵公》说："天下，非一人之天下，乃天下之天下也。"因此，"天下为公"的政治理想在君主专制的基础上构建了一种高于君主的公共理性，这种公共理性是一切统治者治国的基本依据所在。[2]

三是奉行"公心""公利"。儒家追求道德修养，君子的理想人格是"君子之贞，谓天下至公大同之道"[3]。《吕氏春秋·去私》篇中，崇尚"天无私覆也，地无私载也，日月无私烛也，四时无私行也"的"四无私"，分析了尧、舜禅让贤人而不传位于其子的做法，以此说明君子重德不重私。大公无私的"公心"实际上更强调的是一种道德境界，到宋明理学内圣之学的分量完全压倒了外王之学[4]，张载、二程、朱熹、陆九渊、王阳明等在讨论公私观时，更多是强调君子的道德修养，从自我"修身"的实践入手，秉持"公心"，对自我行为按照"圣"的准则进行约束。因而，宋明时期儒家理学将"公私"关系的政治伦理带入了日常道德生活。

四是倡导"公正""公平"。儒家既重视公正，也重视公平。孔子指出了为政公平具有获得民心的重要作用；荀子不仅将公平视为处理政事的

[1] 郭齐勇、陈乔见：《孔孟儒家的公私观与公共事务伦理》，《中国社会科学》2009年第1期，第57-64页、第205页。

[2] 秦菊波：《早期儒家"贵公"观的理论范式及其历史意义》，《社会科学家》2009年第10期，第32-35页。

[3] 程颢、程颐：《二程集·周易程氏传》，王孝鱼点校，中华书局，2004年，第764页。

[4] 廉如鉴：《"崇公抑私"与"缺乏公德"——中国人行为文化的一个悖论》，《江苏社会科学》2015年第2期，第92-98页。

准则，还把它看成理想人格的要素，提出了"公士"人格类型；程颐则着重阐述了实现道德公平的忠恕之道。[1]孔子提出的"有教无类""患不均""选贤与能"等公平观念思想，保障人人享有受教育的平等权。孔孟儒学所倡导的开放教育与政治权利，使得贫民和下层庶士也获得了接受教育和参与政治的权利。教育的开放性是正义性与公共性的体现，察举制、九品中正制、科举制的选拔人才制度虽不能说完全公正，但是为阶层流动提供了机会与可能。同样，在社会公共领域，儒家文化讲求"孝悌"，对于老弱病残、鳏寡孤独等弱势群体的共同生存问题，也作出了公共性的制度安排，设置"五十养于乡，六十养于国，七十养于学"[2]的分级分类养老制度，以及救荒、赈灾等社会保障制度。这些制度覆盖人群极广，其中蕴含的仁爱、为民思想也是儒家公共性的体现。

综上所述，儒家始终将个人道德修养与公私关系结合在一起，形成了富有中华文明特色的义利观。在公私关系中，儒家并不完全否认"私"的合法性，而提出要保障百姓的生命权、财产权。孔子以仁政反对"霸道"，孟子"行一不义，杀一不辜，而得天下，皆不为也"[3]，其关键是维护小民的生命与生存权[4]。关心百姓生活，以获得百姓拥戴，"所重：民、食、丧、祭。宽则得众，信则民任焉，敏则有功，公则说（悦）"[5]。对于私人合理财产，孟子提出"制民之产""正经界、均井地"，而对于土地、森林等国家公共资源，应当"公"而"共"之。倡导君主与民众之间有利共享、

---

[1]　涂可国、孙秋英：《传统儒家公私观及其对新时代公民道德建设的启示》，《东岳论丛》2020 年第 8 期，第 60-76 页。

[2]　《礼记·王制》，陈澔注，金晓东校点，上海古籍出版社，2016 年，第 161 页。

[3]　《孟子·公孙丑》，朱熹注，上海古籍出版社，1987 年，第 23 页。

[4]　郭齐勇、陈乔见：《孔孟儒家的公私观与公共事务伦理》，《中国社会科学》2009 年第 1 期，第 57-64 页、第 205 页。

[5]　孔子：《论语·尧曰第二十》，杨伯峻、杨逢彬注译，岳麓书社，2018 年，第 246 页。

与民同乐。到明末清初，顾炎武提出"合天下之私以成天下之公"[1]，则体现了公私观在商品经济兴起的新历史背景下的合理化阐释。

从公共治理的视角来看，儒家的公私观一方面强调"公"的权威性，另一方面也承认"私"的合法性。"公私"关系折射出官民关系之中的"民本"思想，"一姓之兴亡，私也，而生民之生死，公也"[2]，即执政为公，就要体民之情，遂民之欲，这是儒家王道、仁政的基本内容。[3]

中西差异

公私关系是认识和解读中西乌托邦差异的一把钥匙。西方的公共性与中国的公私观有着相似的立场，但在乌托邦形态上又有各自的不同。从人类历史发展角度来看，古希腊城邦是在分工基础上形成的合作性整体，建立城邦首要的目标是实现物质丰富、经济繁荣，"让生活更美好"。在城邦内部，"我们每一个人不能单靠自己达到自足"[4]，需要各种各样互相依存的职业与分工，一个城邦才有可能成立乃至于生存下去。在政治生活领域，在"哲人王"伯里克利领导下，建立起普通公民可以直接参与国家治理的民主制度。

苏格拉底认为，"如果涉及城邦事务的问题，那么，不论木工、机匠、靴工、商人、水手、富人、穷人、贵人、贱人，一律可自由起立发言"[5]。柏拉图将强盛时期的雅典城邦作为乌托邦的参照，将"城邦"设想为共同生活的空间，将家庭视作"私"的根源，以生产资料公有制作为理想国运

[1]　顾炎武：《日知录集释》，黄汝成集释，栾保群点校，中华书局，2020年，第140页。
[2]　王夫之：《读通鉴论》卷十七，船山全书编辑委员会编：《船山全书》第10册，岳麓书社，2011年，第669页。
[3]　郭齐勇、陈乔见：《孔孟儒家的公私观与公共事务伦理》，《中国社会科学》2009年第1期，第57-64页、第205页。
[4]　柏拉图：《理想国》，郭斌和、张竹明译，商务印书馆，1986年，第58页。
[5]　周辅成：《西方伦理学名著选辑》上卷，商务印书馆，1964年，第20页。

行的制度基础，将自然混沌的大家庭生活作为私人生活的归处。文艺复兴时期，莫尔所构想的乌托邦，整个岛屿就是一个民主制的城市联邦国家，经济体制上实行公有制，所有物资包括住房都是按需分配，"没有一样东西是私有的"[1]，岛上的所有公民，人人参与劳动，过着素朴的集体化生活。他们鄙视金钱而追求健康、素朴的精神生活，而精神之乐来自德行的实践以及高尚生活的自我意识。[2]换言之，乌托邦通过制度消除了"私有"，通过德行规训了"私欲"，使得公共生活代替了私人领域，从而实现"最完美的国家制度"和幸福的生活。

从城市乌托邦的构想来说，无论是西方的理想国还是中国的大同社会，都是基于对现实批判基础上的理想社会构建，并希望通过社会政治的变革，消除不平等的剥削和压迫，使人人平等，安居乐业。然而，对于乌托邦的公共性构建，东西方文化语境中存在明显差别。

首先，在中国，乌托邦的构想更有赖于"人"的乌托邦的实现。完美的人性是儒家修身、齐家、治国、平天下的基础。这就使得公私观视野下的乌托邦社会构建，转化为"穷则独善其身，达则兼济天下"的道德追求。

儒家文化作为主导中国传统社会的意识形态，包含着极强的"道德教化"和"泛道德主义"的因素。[3]在中国传统社会中，存在一种"道德精英主义的结构"[4]，这种道德精英主义虽然在理论上承认"人皆可为尧舜"，但实际上认为君子的道德水准之高只有极少数的精英分子才能达到。于是，在儒家政治体系中，通过制度对人的天赋、智力和意志水平等进行差异化遴选，筛选出的主政者化身为完美的"人"的代表。再将"为公"与"民本"思想和遵从"公意"的行为准则植入主政者的观念之中，进而成为他们内

---

[1] 托马斯·莫尔：《乌托邦》，戴镏龄译，商务印书馆，2011年，第112页。

[2] 托马斯·莫尔：《乌托邦》，戴镏龄译，商务印书馆，2011年，第245页。

[3] 金观涛：《中国文化的乌托邦精神》，《二十一世纪》1990年第2期，第17-32页。

[4] 金观涛：《中国文化的乌托邦精神》，《二十一世纪》1990年第2期，第17-32页。

心根深蒂固的标准。

其次，从时空关系来看，西方传统乌托邦往往消解了历史，将其居于不确定的"他处"，"它是一个孤立的、有条理地组织的且主要是封闭空间的系统，这个孤岛的内部空间的秩序安排严格调节着一个稳定的、不变的社会过程"[1]。从空间呈现方式来看，西方乌托邦中较为常见的是"孤岛"模式，通过旅行"探险—发现"的路径，进入与世隔绝的"异域"乌托邦之中。现代城市规划对乌托邦城市的构想通常是"未来指向"的，将乌托邦作为连接现在与未来的纽带。

与之相比，中国"大同社会""小国寡民"和"桃花源"都有着明显的历史背景和政治隐喻。其中，"大同社会"是由个人道德投射社会的一种政治理想，"肯定民主、肯定道德价值、肯定德化人生"，是取消私有制的共产主义或原始共产主义。[2]"桃花源"则是一种乌托邦的具体化，也可看作是一种儒家政治理想的寄托。[3]因此，从时间上看，中国式乌托邦往往追溯过去；从空间上看，中国式乌托邦则大多远离城市，依托于农耕文明与自然山水，回归淳朴自然的集体劳作生活。

最后，西方城市乌托邦中，对于乡村世界的期盼更多是基于解决城市问题的目的，乡村是自然健康的代名词，而"城市和乡村必须成婚，这种愉快的结合将进发出新的希望、新的生活、新的文明"[4]。在"城—乡"模型中，霍华德努力构建一个兼有城市现代文明之长和乡村自然生态之美的理想城市，作为公共意识培养和德性人格塑造的"乌托邦"。田园城市乌托邦试图打破城乡区隔而重塑人与自然的关系，并在自然界的整体性中

---

[1] 大卫·哈维：《希望的空间》，胡大平译，南京大学出版社，2006年，第155页。

[2] 金观涛：《中国文化的乌托邦精神》，《二十一世纪》1990年第2期，第17-32页。

[3] 杨燕：《陶渊明在儒家道统中的地位新论——对〈桃花源记〉主旨的一种剖析》，《吉首大学学报（社会科学版）》2005年第4期，第143-147页。

[4] 霍华德：《明日的田园城市》，金经元译，商务印书馆，2000年，第8-9页。

得到感性的修复。他写道：

> 乡村是上帝爱世人的标志。我们以及我们的一切都来自于乡村。
> 我们的肉身赖之以形成，并以之为归宿……它是健康、财富、知识的
> 源泉。然而人类并未从那里得到它所给予的全部快乐和智慧。这种触
> 犯神圣和反自然的将社会与自然分割的状态不应再予以忍受。城市和
> 乡村必须成婚，这种愉快的结合将迸发出新的希望、新的生活、新的
> 文明。[1]

城市与乡村的结合，即创造一种兼具自然生活灵性和城市文明价值的
理想空间，是一定程度上可实现的"乌托邦"。因此，它所带来的不仅是
情感上的安慰，而且也是推进文明演化的实践动力。

中国人所追求的乌托邦包括社会的、道德的、人格的，而所有的乌托
邦追求都通往生态乌托邦追求。[2] "天人合一"，在中国人眼中的自然并
不全是物质形态的自然，而是人化自然。因而，中国人憧憬的生态乌托邦
在本质上是审美的，它以天地万物各安其位的中和之美构成一种和谐感、
自由感、超越感，它给人以美的享受，促进人性的完满和丰厚。[3] 在中国
人眼中的乌托邦不仅是自然田园山水，更是一个安置独立人格的精神空间
环境。随着城市形态的发展，理想人居环境从"田园""山林"转向"园
林"，乌托邦不再是遥远的乡野，而是重叠于"此地"之上的诗意乌托邦。
因而，城市园林成为乌托邦所依附的重要空间载体，而公共园林的建设是
中国城市公共性获得必不可少的一个重要路径。

---

[1] 霍华德：《明日的田园城市》，金经元译，商务印书馆，2000年，第8-9页。

[2] 姚文放：《中国古典美学中的生态乌托邦思想》，《当代生态文明视野中的美学
与文学国际学术研讨会论文集》，河南人民出版社，2005年，第302-306页。

[3] 姚文放：《中国古典美学中的生态乌托邦思想》，《当代生态文明视野中的美学
与文学国际学术研讨会论文集》，河南人民出版社，2005年，第302-306页。

第二章　中国理想社会之梦

在中国传统文化中，最为经典的理想社会是桃花源。桃花源是一个与世隔绝、无关世事纷扰的超然世界，与现实存在历史时空的差距，而其"芳草鲜美，落英缤纷"的溪水桃源风光也是历代文人墨客经常引用的意象。随着唐宋时期造园艺术的兴盛，西湖水系治理与景观营建均达到了较高的水准。题名景观的形成极大地推动了文化艺术创作的繁荣，在此背景下，西湖逐渐被赋予象征意味，蕴含着"盛治"之梦。

第一节　"桃花源"理想社会

公元 421 年，陶渊明在《桃花源记》中描绘了一幅理想社会的图画：

> 土地平旷，屋舍俨然，有良田、美池、桑竹之属。阡陌交通，鸡犬相闻。其中往来种作，男女衣着，悉如外人。黄发垂髫，并怡然自乐。[1]

这里人人劳动，自给自足，没有剥削和压迫，一派怡然自乐的情景。桃花源与世隔绝，必须通过一个隐秘的山洞才能进入。在这个封闭空间中，桃花源呈现出与"小国寡民"较为相似的生活状态：经济上自给自足，政

---

[1] 陶渊明：《陶渊明全集》，陶澍注，龚斌点校，上海古籍出版社，2015 年，第 144 页。

治上脱离王朝统治，民众可以自由自在地繁衍生息。当然，桃花源并不是道家的理想之地，道家观念下"小国寡民"的自然之治是"绝圣弃智"，要求民众归返淳朴、放弃仁义礼教。"桃花源"是因躲避秦之乱，由避乱之贤士营建出的现实乐土[1]，近似于孟子的仁政之治：

> 五亩之宅，树之以桑，五十者可以衣帛矣。鸡豚狗彘之畜，无失其时，七十者可以食肉矣。百亩之田，勿夺其时，数口之家可以无饥矣。谨庠序之教，申之以孝悌之义，颁白者不负戴于道路矣。七十者衣帛食肉，黎民不饥不寒，然而不王者，未之有也。[2]

因此，从某种意义上说，桃花源是中国式乌托邦的精神画像，是儒家"大同社会"与道家"小国寡民"两种理想的结合。

桃花源产生的时代，政治黑暗、社会动荡不安，"大同世界"隐射的三代时期的公有制社会早已不复存在。战国时期，取消井田制中"公田"与"私田"的界限，将土地分配给家庭，封建主义私有制由此确立。这一时期的社会结构是"天下为家，各亲其亲，各子其子，货力为己"。桃花源所描绘的社会井然有序、人人劳作、自给自足、怡然自乐。"良田、美池、桑竹之属"，这些土地和生产资料并非帝王所有，而是归百姓所有，体现了孟子"制民之产"的仁政思想。显然，陶渊明并非仅是通过想象和虚构的文学表达，来寻求个人精神世界的超脱，而是将个人精神推己及人，对于整个社会寄予平安和乐与自由平等的希冀。

"桃花源"不同于纯然幻想的神仙之山、蓬莱之岛，而是在一定历史时代背景下，建立在对现实世界的不满和批判基础上的乌托邦式的构想。学界对于"桃花源"的历史原型众说纷纭，有人认为重庆酉阳大酉洞是陶

---

[1] 刘明辉：《魏晋士人政治心态类型研究》，南开大学博士学位论文，2010 年。
[2] 焦循：《孟子正义》，沈文倬点校，中华书局，2017 年，第 56-59 页。

翁"桃花源"的原型[1]，也有人说是陶渊明自己家乡的康王谷，等等，不一而足，并未形成定论。

城市形制的变化与社会发展思想的转变并行。在中国城市史上，有两次明显的转型期：第一次是春秋战国至西汉天人感应神学的形成，第二次是魏晋玄学至宋代理学的形成。[2] 魏晋时期，战乱频仍、社会动荡，行政区划不断调整，中心城市也随之不断变迁。为了应对战争与防御需要，一时间各类城市建筑特别是城垣和坞堡如雨后春笋般涌现。经过数十年的经营，一批新兴的名城重镇崛起，发挥了政治、军事、经济等各项重要功能。

根据陈寅恪先生在《桃花源记旁证》[3] 的考证，桃花源的原型应为魏晋南北朝时期的坞堡，其中由东汉儒士田畴所建立的"无终山都邑"很可能是桃花源的构思来源。东汉末年，田畴"率宗人避难于无终山，北拒卢龙，南守要害，清静隐约，耕而后食，人民化从，咸共资奉"[4]。

在这里，田畴建立了一个社会自治的理想家园，探索自发形成优良秩序的可能性。当然，这也是儒士治理的典范。田畴在这个小小王国中扮演了"哲人王"的角色，他由村民自主选举而担任都邑之主，而当村人集聚得越来越多，他就制定了一套管理的制度。可以说，在"无终山都邑"已经有了民主自治的雏形。然而，即便"无终山都邑"原型说可信，"桃花源"与历史现实显然也是无法对应的，换句话说，它仍属于一种想象的、精神的乌托邦。

姚文放认为，中国古典美学中的生态乌托邦追求对于千古以来的既成现实有深刻的文化批判的意义，这种文化批判通过疏离、介入、怀旧、升

---

[1]　冉庄：《"桃花源"原型探究》，《重庆社会科学》2002年第1期，第50-52页。

[2]　陈翔、王量量、王珺：《中国古代社会思想转型与城市建设演变的关系》，《城市建筑》2021年第1期，第115-118页、第143页。

[3]　陈寅恪：《金明馆丛稿初编·桃花源记旁证》，生活·读书·新知三联书店，2009年，第188页。

[4]　陈寿：《三国志·魏书》，裴松之注，陈乃干校点，中华书局，1982年，第343页。

华四种形式表现出来。[1] 在桃花源中，陶渊明呈现了理想世界对现实世界的疏离，并且通过怀旧的形式追思远古时代那种自然自在的"乐土"。

随着魏晋玄学兴起，山水审美与士人追求玄远的哲学思想相契合，产生了不同于皇家宫苑、门阀庄园的士人园林。士人将自己的人格理想与追求投注到山水景物，暂且放下桃花源"乌托邦"，转而通过儒道互补化解了"隐"与"士"之间矛盾与冲突的处境。在城内或者城郊之地，出现了一批以自然山水为摹本的小尺度城市园林，作为文人雅士集会、交流、游赏的公共场所。

桃花源以道家自然无为、怀旧追思"向后看"为乌托邦想象的基础，缺乏对现实世界的批判和对未来社会的建设性指导。因此，从表面看桃花源的形式是道家的，但是要建立一个"桃花源"必须要依靠儒家的实践精神。与那些建立在宗教境界与完美理念之上的乌托邦不同，儒家文化的乌托邦理念是现世的，具备转化为改造现实社会的可能性。[2] 因而，随着宋代新儒学的兴起，从"桃花源"转移到"西湖梦"，也是中国式"乌托邦"经世致用精神的一个缩影。

第二节　"西湖梦"理想建构

最早关于西湖的记载是秦代设置钱唐县，距今已有两千多年的历史。《史记·秦始皇本纪》记载，西湖原是"水波恶"[3] 的海湾一隅，后逐渐形成天然潟湖。经过历代人民水利治理而华丽蜕变为世人心目中的"人间

---

[1]　姚文放：《中国古典美学中的生态乌托邦思想》，《当代生态文明视野中的美学与文学国际学术研讨会论文集》，河南人民出版社，2005 年，第 302-306 页。

[2]　金观涛：《中国文化的乌托邦精神》，《二十一世纪》1990 年第 2 期，第 17-32 页。

[3]　司马迁：《史记·秦始皇本纪》，中华书局，1963 年，第 260 页。

天堂"的代表。自唐宋时期始，随着江南运河的开通和西湖治理的推进，城市与西湖之间的活动日益频繁，西湖的公共性建设得到长足发展。至南宋时期，宋室驻跸使临安极速扩张，集全国政治、经济、文化三个中心于一体，成为当时世界上首屈一指的国际性大都市。元初，马可·波罗在游记中称杭州为"世界最富丽名贵之城"，其游记在欧洲传播增强了西方人对乌托邦的"东方想象"，并形成了西湖天堂的最初印象。

何谓"西湖梦"呢？西湖梦是以儒家思想为主线，多种学派思想交叠的文化人格盛大集合，既包含中国传统文化治国安邦的理念，又包含"兼济天下"与"独善其身"并行的人格理想。在这里，西湖既是中国式乌托邦文化中的一个象征符号，也是城市乌托邦的一个空间实体，其历时性（时间性）、空间性，均指向公共性的实践。

首先，西湖是一个实在而开放的空间载体，而桃花源则是一幅想象图景。西湖的形成是地理空间结构演化的结果，自秦汉时期就已存在，经过隋唐至北宋的发展，在南宋时期其公共性建设达到一个高峰，其鼎盛时期，繁华与诗意并存，为后世文人提供了不断创作的艺术资源，形成了一种共同的文化记忆。与桃花源"乌托邦"不同，西湖既不是与外界隔绝的封闭空间，也不是缺乏历史感的静态社会。它一方面是敞开的开放性空间，无论是帝王将相还是平常百姓都可以进入；另一方面它又处于历史的动态演化之中，水、城之间的空间形态经世代杭州官民共同改造而形成。经过湖城相隔、湖城相亲、湖城一体等发展阶段，湖、城之间的关系由疏离到紧密再到融合，由此，西湖逐步演化为城市的公共客厅，融入百姓日常生活。

其次，西湖是与城市共生的文化之湖，桃花源是乡村文明的诗意田园。中国文化中的各种乌托邦多远离城市文明，处于世人通常不可及的山林秘境，是建立在农业文明基础上的理想世界构想。与桃花源"乌托邦"不同，西湖"乌托邦"的山水与城市在地理空间上紧密相连，在经济活动、文化生活上相互融通，是建立在城市生活基础之上、具有城市文明形态的公共空间。历史上西湖虽在城市之外，但与城市的经济、政治、文化活动息息相关。到近代以后，西湖则成了城市内部的公共园林。西湖及周边区域空间的公共化自古有之，在数千年的历史演变中，"山—水—湖—城"之间构建了一个既不同于乡又独立于城的"乌托邦"。

再次，西湖是儒家王道实践的经典之作。"桃花源"是文人士大夫心中的一个精神寄托；而西湖则是他们将儒家"天下为公""以民为本"思想应用到现实的操练场。两宋时期，西湖园林公共化营建以及公共游赏活动的繁荣，折射出统治集团治理理念的转变。一为"共治"。两宋统治集团奉行"皇帝与士大夫共治天下"的政治理念，确立了"兴文教，抑武事"[1]"欲以文化成天下"的治国方针，提倡普及教育和养士，优待知识分子。比如，通过科举制度的改革，吸纳不同阶层的知识分子参与政权，在社会上形成了"学而优则仕"的风气。到南宋时期，不管何种身份，工商、杂类、僧道、农民甚至屠夫，都可应试授官。[2]南宋的科举登第者多数为平民，如在南宋理宗宝祐四年（1256）登科的601名进士中，平民出身者就占了70%。[3]

"共治"不仅表现为皇帝与士族的共治，而且表现在治理主体也更加多元化。"士、农、工、商，皆百姓之本业"[4]的思想达成广泛共识，商人的地位大大提高，成为国家治理的一支重要力量。如在社会救助体系中，除代表官府的机构职能外，富商巨贾也热心参与慈善事业，"数中有好善积德者，多是恤孤念苦，敬老怜贫"[5]。另外，值得一提的是，在宽松的

---

[1] 李焘：《续资治通鉴长编》，中华书局，2004年，第394页。

[2] 徐吉军：《南宋临安社会生活》，杭州出版社，2011年，第31-32页。

[3] 俞兆鹏：《南宋人才之盛原因的探讨》，《杭州》2006年第3期，第394页。

[4] 陈耆卿：《嘉定赤城志》，《宋元方志丛刊》，中华书局，1990年，第7578页。

[5] 吴自牧：《梦粱录》，浙江人民出版社，1980年，第200页。

政治氛围之下，官、民、商之间身份可以相互转化，贵与贱、贫与富都不是绝对的，社会阶层上升、转化的通道较以往更为畅通。

二为"共乐"。北宋为巩固政权，树立了"与民同乐""与民共享"治国理念。宋太祖深谙"民弱国强，国强民弱"[1]的辩证道理，也深受管仲的"牧民"思想的影响，认为只要满足百姓快乐、富足、安定、繁衍的愿望，就能消弭其对最高权力的觊觎。因此，皇家和官方经常通过举办各类节庆活动，营造共享财富与快乐的氛围。这为平民百姓参与城市公共生活提供了契机。"不论贫富，游玩琳宫梵宇，竟日不绝。"[2]在节庆活动期间，官方还会趁机发放补贴，如据《梦粱录》记载，正月十五元宵之际，"官放公私僦屋钱三日，以宽民力"[3]。平民百姓的踊跃参与，使宋代杭州的节庆旅游成为一项规模空前的群体性游览活动，营造出了与民同乐、欢乐祥和的节日氛围。[4]

南宋时期，浙东事功学派盛行，以陈亮为代表的永康学派，以叶适为代表的永嘉学派和以吕祖谦为代表的金华学派都强调"经世致用"的务实精神，认为一切道德只有与一定的社会实际相结合，并获得相应的效果，才有真正的价值。[5]在"公私"关系上，他们主张义与利统一，"以利和义，不以义抑利"[6]。他们继承和发展了儒家"仁政""民本"的思想，对君主要求"修实政于上，而又行实德于下"，对百姓则要求学以致用，积极

[1] 《商君书·弱民》："故有道之国，务在弱民。朴则强，淫则弱。弱则轨，淫则越志。弱则有用，越志则强。故曰：以强去强者，弱；以弱去强者，强。"

[2] 郑沄、邵晋涵：《风俗》，《乾隆杭州府志》卷五十二，上海古籍出版社，2002年，第4299页。

[3] 丁丙辑：《武林坊巷志》，浙江古籍出版社，2018年，第2196页。

[4] 鲍新山、张建融：《宋代杭州的节庆旅游》，《浙江学刊》2010年第2期，第207-214页。

[5] 陈国灿：《论南宋浙东事功学派的历史地位》，《浙江师范大学学报》1995年第6期，第24-28页。

[6] 叶适：《习学记言序目》，中华书局，1997年，第386页。

为国为民建实功、谋实利。因此疏浚西湖是利国利民的实事，更是主政官员顺应"民心"而为的政绩工程。与此同时，他们也将西湖园林治理作为儒家教化的载体和实现自身价值、寄托个人情思、安放精神世界的路径。

　　相比而言，"桃花源"作为一种理想价值的象征，寄托了中国文人追求平等、自由的美好社会的政治理想和思想感情。但是"桃源"情结却停留在价值观念上、难以付诸实践。陶渊明对于人们如何建设理想社会并未提供有效路径，反而以"洞"之谜，寻不复得的寓意，宣告了乌托邦式的理想社会是不可能实现的。然而，这种可及的乌托邦在文化艺术上的传播却显示了其强大的思想生命力。而作为实体空间的西湖"乌托邦"，包含物质与精神两个层面的价值，蕴含"天人合一"的理念，涵盖了人类对生存和发展问题的美好追求和最高价值标准。与传统乌托邦"孤岛"隔离模式相比，西湖由三面云山与一面城市包裹，连接了繁华的世俗社会和超脱的山水禅林。城墙在空间上区隔湖与城，却并未造成人心灵上的区隔，反而为精神世界跨越物理空间的束缚创造了条件。围绕西湖的文学艺术创作，使得西湖题名景观成为公共文化符号，广为流传后，其理想人居环境的典范被后世不断模仿，曾一度成为欧洲、日本及东南亚国家的"乌托邦"。

　　"桃花源"和"西湖梦"代表了中国式乌托邦的两种典型模式。历代文人将西湖作为"梦中之湖"不断追忆、演绎和美化，在一定程度上是源于两宋时期帝王对公共治理权力的让渡，使得儒家知识分子精英有机会成为城市治理的主体，从而可以完成其"达则兼济天下"的政治使命。相比"桃花源"的虚无缥缈，西湖是可及的"乌托邦"，文人可以通过寄情山水、参禅悟道，追求精神上的超越与人格上的独立。因此，可以说"西湖梦"既蕴含着"大同社会"的"为公""民本"的思想，也包含了个体精神审美生活的自由。

第三节 "西湖梦"价值取向

谁是"西湖梦"的缔造者？毋庸置疑，最重要的力量来自士大夫阶层。他们以经世致用、为民请命的儒家精神入世，同时也葆有在闲适之中追求人格独立、精神自由的超脱。"中隐"与"民本"恰是他们精神世界的两面。西湖能闻名遐迩与白居易、苏轼等一批拥有循吏与文人双重身份的主政者密切相关。他们既是城市的建设者、管理者，也是西湖景观的塑造者、文化的引领者。他们拥有"民本""中隐"两种人格精神，融合了仕与隐、禅与俗、内与外等关系，形成了城市审美精神的内倾化和世俗化并行的文化表征。

"民本"思想

建构城市"乌托邦"的主体是人，在西方乌托邦中一个哲人王式的人物是其领导者。他是《乌托邦》中的"哲学家皇帝"；《太阳城》中的"形而上学者"；《新大西岛》中所罗门院的"智者"；《基督城》中被称作"教师"的人。[1] 乌托邦的至高境界是"哲人王式的领导者在一批知识精英的辅佐下以绝对的公正与善统治他的国家"[2]。在中国式乌托邦中，儒家思想作为传统社会中占主导地位的文化，亦将大同社会之理想追求寄托于"君子"之德行之上。"君子"执政，就自然要将个人道德价值投射到社会观中，"修身、齐家、治国、平天下"的路径，既能够实现个人的政治抱负，又得以达成胸怀天下、福泽苍生。

由此可见，中西文化中都强调要由"德才兼备"的人才治理国家。对

---

[1] 周宁：《东风西渐：从孔教乌托邦到红色圣地》，《文艺理论与批评》2003 年第 1 期，第 122-137 页。

[2] 周宁：《东风西渐：从孔教乌托邦到红色圣地》，《文艺理论与批评》2003 年第 1 期，第 122-137 页。

于城市治理而言，则更多依赖于智慧贤能的地方官吏。可以说，以地方官员为主导的阶层决定了城市审美的价值取向。

从主体性来说，儒家"君子之治"的主要群体是"士"，他们是官员的主要来源。"士"在中国文化中具有特殊意义，虽然随着历史演进和政治经济发展的背景不同，"士"的标准和主体形态会有所不同，但是"士"的精神却得到了不同形式的延续。

余英时认为，"士"在中国延续了两千多年的时间，这一传统随着历史的发展、社会的演变而呈现为不同面貌。[1]儒家的"士"首先要为"天下"代言，践行"天下为公"。诚如上文所言，中国式乌托邦的构建与儒家公私观念的确立密不可分。一般认为，中国的公私观念成型于春秋时期[2]，那时强调的是"公犹共也，禅位授圣，不家之。睦，亲也"[3]。圣德贤才成为评判统治者的一个标尺，"公"也可以理解为代表天道的君主，因为这里的"公"是指"对天下而言君主为公"，简而言之，"是把公集中于身为统治者的君主一人之德性"[4]。而与之相对应的"私"多指"大夫以至家事"[5]，从"公室"与"私门"的对立性来说，最初的公私问题并不涉及普通百姓。[6]

传统文化中儒家的"公私"观念的嬗变，导致其存在形式也随之改变。如早期孔子的"日月无私"说、孟子的"重义轻利"说、荀子的"公道"说均是从道德、道义的角度来阐释治国之道，并对圣贤之人提出了"公"

[1] 余英时：《士与中国文化》，上海人民出版社，2013年，第7页。
[2] 刘泽华：《春秋战国的"立公灭私"观念与社会整合》，《南开学报》2003年第4期，第63-72页。
[3] 李学勤：《十三经注疏》，北京大学出版社，1999年，第658页。
[4] 沟口雄三：《中国公私概念的发展》，汪婉译，《国外社会科学》1998年第1期，第60-71页。
[5] 侯外庐：《中国古代社会史论》，河北教育出版社，2000年，第81页。
[6] 苑秀丽：《论儒家公私观的基本特点》，《东方论坛》2016年第2期，第30-35页。

的道德法则。[1] 但是这种"道德"管控并不是如"法"一样具有强制性，因而早期儒家"王道"实现的路径，依然是追求"内圣"的道德修养。

两宋时期，是士人主体性高扬的时期。此时西湖的公共性建设达到了一个高峰，其背后有着深厚的政治文化背景。

首先，宋代儒学的复兴对社会结构产生了重要影响。唐宋时期，社会经济领域的变革传递到思想文化领域，宋代士大夫以儒学为体，兼容佛、道、法诸家的不同思想，以"三代之治"为理想模式，重新建构了一个能够"明体达用"的"新儒学"，既可以是思想境界、修身功夫各异的内圣之学，也可以是政治价值、治理方法不同的外王之学。[2] 新儒学强调"师道""吏道"并行，有宋一代，政治上的宽松激励了宋儒将"经世致用"的儒学理想引入政治实践。无论是王安石变法还是范仲淹改革，都指向建立更为合理的社会秩序，同时也用以遏制越来越严重的贫富分化，这对于消除阶层极端分化、统合上下民心，亦是十分有利的。

其次，君臣共治的政治局面得到确立，社会较为稳定。共治早期多从地方与中央的关系来说，指的是君主与地方官吏共治，其中君权是绝对的主导力量，州县官吏只负责对地方事务的治理。到了宋仁宗时期，"共治"成为君臣之间的共识，加上台谏制度的完善，实际上士大夫的政治主体地位就得到了确立。从"共治"到"共议"，说明士大夫在朝廷事务中发挥的作用和影响越来越大，并一度形成了君主、中书和台谏相互制约的国家治理政治架构。对宋儒而言，"共治天下"的政治格局使得他们的主体性得到了前所未有的高扬。他们怀有淑世理想，以天下为己任、论道经邦，愈发积极果敢地投入政治实践。

[1] 葛荃、张长虹：《"公私观"三境界析论》，《天津社会科学》2003年第5期，第134-139页。
[2] 朱汉民：《宋学的多元思想与地域学统》，《天津社会科学》2021年第1期，第155-160页。

民本思想在历代西湖治理中显现出来，是士大夫阶层从事行政管理活动的价值准则，同时也印证了西湖作为精神纽带的道德价值。

在杭任职的官员中，范仲淹曾提出"先天下之忧而忧，后天下之乐而乐"的为政理念。苏轼两度任职杭州，他在《上初即位论治道》中提出了自己的"民本观"——"民者国之本，而刑者民之贼"[1]。苏轼具有较强的平民意识，"力必出己，志欲及物"，在执政杭州期间关注民生、实施仁政，处处为百姓谋福利。熙宁四年（1071）苏轼任杭州通判，协助陈襄重凿六井，解除了杭州民众饮水之苦。元祐四年（1089）苏轼任杭州知州，他向朝廷上书《杭州乞度牒开西湖状》等奏议，大兴水利缓解旱情，在城内疏通了茅山河和盐桥河，在城外则全面治浚西湖。此外，他还将修缮官舍的钱用于购买粮食赈济灾民，建设"安乐坊"病坊，专门收治无钱看病的灾民，这些举措无疑都深深地笼络了民心。

再者，官民之间的融合并非意味着官民之间地位的平等，而是消除原先因门第、礼制等外在因素造成的对立与交流鸿沟。士人大多来自民间，因而也更能站在"民本位"的立场去设计社会治理的制度安排。由于苏轼对西湖的喜爱和他以民为本的为政理念，促使这一时期构建起以文人情怀为纽带的亲湖、亲民、官民同乐的情景氛围，这种带有"近世化"[2]色彩的公共性，蕴含在西湖水系治理、公共景观营建、公共空间创设以及日常公共游赏活动之中，对后世产生了重要的影响。

"三代之治"是宋代士大夫阶层共同追求的社会理想。按照儒家治国理念，君子或儒士"修身、齐家"后进入国家公共治理行政系统，发挥"治国、平天下"的公共职责是天经地义的使命。地方循吏既是百姓的代言人，

[1] 苏轼：《苏轼文集》，孔凡礼点校，中华书局，1986年，第135页。
[2] 内藤湖南在1914年文会堂书店出版的《支那论》中有所论述，参见伊藤正彦：《"传统社会"形成论＝"近世化"论与"唐宋变革"》，《宋史研究论丛》第14辑，河北大学出版社，2013年，第201-225页。

同时也是朝廷与百姓之间沟通的桥梁。他们以民本思想为出发点，在处理公共事务时又常带入个人的淑世情怀，一定程度上化解了政府与百姓之间的阶层对立，缩小了横亘在官民之间的交流鸿沟。

虽然随着北宋政治改革的失败和事实上的亡国，原先君主与士大夫"共定国是"的政治"近世化"进程被打断了[1]，士大夫在朝政中的政治主体地位也随之被削弱，但是，对于社会、民生的关切和无限的责任意识和使命意识却早已内化在他们的生命意识之中。

"中隐"思想

官僚是一种社会身份，但是文士和学者却并非能够由社会的权力结构所定义，而取决于个人在心性上的自我选择。[2] 因此，"西湖梦"的公共性体现在其主体性上，是历代主政者同时拥有官员与文士的双重身份，一方面"以民为本"，积极践行儒家"天下为公""执政为民"的政道理念；另一方面追求"内圣"的道德修为，奉行精神自由的"中隐"之生存策略。

"中隐"是士大夫兼具"仕""士"双重身份而采取的生存之道。"中隐"思想泛化在西湖这一审美空间上，结合具体的文化背景和时代特征，就形成了审美精神内倾化与世俗化并行的文化景观。

中国自古有隐士文化传统。孔子言"邦有道则见，无道则隐"[3]，意为"道隐"。君子选择做"隐士"的理由，无外乎几种情况：第一种是因为躲避乱世而选择隐居；第二种是因找不到经世报国机会而选择隐居；第三种是为追求独立人格而选择隐居。

---

[1] 朱晓鹏：《论南宋儒学的内在化转向及其主要原因》，《学术界》2018年第12期，第5-12页。

[2] 李溪：《枕屏：内在之观》，叶朗：《观·物——哲学与艺术学术研讨会》，北京大学出版社，2019年，第112页。

[3] 孔子：《论语·泰伯篇》，杨伯峻、杨逢彬注译，岳麓书社，2018年，第103页。

古之隐者，大抵有三概：上焉者，身藏而德不晦，故自放草野，而各往从之，虽万乘之贵，犹寻轵而委聘也；其次，挈治世具弗得伸，或持峭行不可屈于俗，虽有所应，其于爵禄也，泛然受，悠然辞，使人君常有所慕企，怏然如不足，其可贵也；末焉者，资槁薄，乐山林，内审其才，终不可当世取舍，故逃丘园而不返，使人常高其风而不敢加訾焉。且世未尝无隐，有之未尝不旌贲而先焉者，以孔子所谓"举逸民，天下之人归焉"。[1]

当然，"隐"与"仕"并非绝对的，两者可以相互转化。君主通过重用隐士以获得天下归心的美誉，隐士出仕则可以实现自身的政治抱负。从出处方式来看，"隐"又分为大隐与小隐。大隐一般指居于庙堂而心隐的朝隐，而小隐则是归于山林田园。大隐与小隐的分野，实际上表明了庄子"逍遥游"式绝对的精神自由与孟子"达则兼济天下，穷则独善其身"处世哲学的冲撞和融合。朝隐（大隐）在一定程度上解决了仕与隐之间的矛盾，但随着封建统治力量的增强，文人企图在政治权力中心，以"隐"的方式保持独立人格的愿望越来越难以实现。

政治动荡使得魏晋时期隐士多出，他们或归隐田园，或纵情山水，远离政治漩涡。到唐代，政治上的宽松和统治者的包容产生了王维式的"游宦隐士"群体。隐士亦可通过"终南捷径"的方式获得入仕的机会。同时，随着政治制度的完善，外官的俸禄收入逐渐超过京官，而州县官的地位得到提升，导致士人吏道观发生改变，晚唐在外任州县官的文学之士数量远多于初盛唐时期。[2] 在传统封建社会，政治意识形态深刻地影响着人们的思想观念与情感态度，各种各样思想解放运动就是要对这种政治意识形态

---

[1] 欧阳修、宋祁：《新唐书·隐逸》卷一百九十六，中华书局，1975 年，第 5594 页。
[2] 周膺、吴晶：《南宋美学思想研究》，上海古籍出版社，2012 年，第 207 页。

背后庸俗、功利、市侩的价值观念进行反叛。当政治改革难以如愿推进，士人在成功与失败之间往往产生了出世的念头，即"隐"的观念。隐逸生活可以将人的精神带向一种纯粹、解脱的境界。然而，并非所有士人都能够实现完全的出世之"隐"，因此需要一条"折中之路"，即"中隐"。

白居易所提"中隐"[1]即为"吏隐"，介于大隐与小隐之间，其本质是一种以仕求隐的方式。一方面不以利禄萦心，虽居官而与隐者同，寄情山水，交游风月；另一方面又肩负着执政为民的官本责任，心隐而身仕，努力做到既不怠政，又不怠心。这样就化解了仕与隐之间的矛盾，从而在自我的精神领域内找到一种平衡。他奠定了吏隐的出处方式，体现了文人隐逸观的变化：

> 大隐住朝市，小隐入丘樊。
>
> 丘樊太冷落，朝市太嚣喧。
>
> 不如作中隐，隐在留司官。
>
> 似出复似处，非忙亦非闲。
>
> 不劳心与力，又免饥与寒。
>
> 终岁无公事，随月有俸钱。
>
> 君若好登临，城南有秋山。
>
> 君若爱游荡，城东有春园。
>
> 君若欲一醉，时出赴宾筵。
>
> 洛中多君子，可以恣欢言。
>
> 君若欲高卧，但自深掩关。
>
> 亦无车马客，造次到门前。

---

[1] 白居易除了在《中隐》诗中两次提到"中隐"一词，在其他诗文中皆用"吏隐"，"吏隐"与"中隐"为同义词。

人生处一世，其道难两全。

贱即苦冻馁，贵则多忧患。

唯此中隐士，致身吉且安。

穷通与丰约，正在四者间。[1]

虽然《中隐》是太和三年（829）白居易在离开杭州之后所作，但是作为一种处世哲学，却是在他到杭州当官之时就流露出的心迹：

平旦起视事，亭午卧掩关。

除亲薄领外，多在琴书前。

况有虚白亭，坐见海门山。

潮来一凭槛，宾至一开筵。

终朝对云水，有时听管弦。

持此聊过日，非忙亦非闲。

山林太寂寞，朝阙空喧烦。

唯兹郡阁内，嚣静得中间。[2]

白居易"中隐"思想表明隐逸精神的实质在于"心"对"身"的超脱，无论是隐于林泉还是退于朝堂，都应该有一种自觉的审美追求，从日常生活的冗繁与苦闷中超脱出来，保持内心宁静和人格自由，追求一种更加诗意化的生存。中隐恰如其分地表现出士人的一种"随缘不执的心域"[3]。

或"仕"或"隐"，这似乎是只有士大夫才会面临的两难选择，但是"出世"抑或"入世"，挺进现实直面残酷还是超越束缚获得心灵自由，则是每一个人都会遭遇的人生困境。因而，白居易"中隐"之生存哲学，

[1]　白居易：《白居易集笺校》，朱金城笺校，上海古籍出版社，1988 年，第 1493 页。

[2]　白居易：《白居易集笺校》，朱金城笺校，上海古籍出版社，1988 年，第 433 页。

[3]　张法：《中国美学史》，上海人民出版社，2000 年，第 192 页。

似乎是一个"两全其美"之道。这种随缘自适的处世哲学通过其诗词文赋以及其载伎游湖的日常生活，深刻影响了城市民众。

首先，白居易将"仕"与"隐"的融通转化为"禅"与"俗"共存的日常生活。白居易在杭州担任刺史不过三年，但是其"外以儒行修其身，中以释教治其心，旁以山水风月歌诗琴酒乐其志"[1]的处世哲学，不但影响了后代文人群体的价值取向，而且成为城市审美文化的重要内涵。

白居易兼顾尊儒与崇佛、宦情与禅悦、囿俗与超脱，使儒与禅共同适应社会和自我的需求，此一人生哲学符合了广大士人乃至平民的身心期许，其儒禅相契的人生观、仕隐观、闲适观对后世文人产生了深远影响。[2]一方面，他奉行儒家实干爱民思想，体恤民情，开展了全面疏浚西湖、修治六井、修筑白堤等重大工程，政务虽繁杂，但其政绩斐然，深受老百姓爱戴。苏轼曾在《钱塘六井记》中夸赞："唐宰相李公长源始作六井引西湖水以足民用。其后刺史白公乐天治湖浚井，刻石湖山，至今赖之。"[3]另一方面，他奉行及时享乐，但不是颓然自处，而是精于观察，将西湖春秋四方远近、山水晦明变化以及日常生活审美化融入诗歌创作之中，写就了大量咏唱西湖的脍炙人口的诗篇。从某种意义上说，白居易启蒙了后人对西湖山水景观的审美，西湖也因白氏的诗篇而盛名远扬。

白居易"中隐"思想的高妙之处还在于将参禅悟道与庸常生活做了调和。[4]在他眼里，山水即自然，自然即禅，禅机蕴含在自然之中。他遍访山寺高僧，对自然山水投注情感，也对湖上生活无限眷恋。白居易"中隐"思想价值的另一面是对普通百姓的启蒙。在白居易之前，游赏西湖并未成

[1] 白居易：《白居易集笺校》，朱金城笺校，上海古籍出版社，1988年，第3815页。
[2] 沈文凡、徐婉琦：《调和偕适：白居易诗歌的儒禅观》，《吉林大学社会科学学报》2021年第5期，第212-221页、第240页。
[3] 苏轼：《苏轼文集》，孔凡礼点校，中华书局，1986年，第379页。
[4] 斯舜威：《瓶中杨柳：禅联三百心赏》，中国青年出版社，2016年，第228页。

为普通百姓的自觉活动。白居易对西湖景观的营建，以及作为城市领导者的审美性活动表率，引领了一种公共游赏的风尚。

其次，城门内外的空间转化让民众获得山水与宗教的两种情感慰藉。西湖独特的湖城空间关系，是"中隐"式生存得以实现的重要因素。在西湖的东西两端，联结了繁华的城市与清幽的山林。城墙内外是两个世界：一个市井繁华，一个清雅深幽。城墙既是城内、城外两个世界的区隔，同时也是联结城市与乡野（自然）的中介物。步出城门，一来可游于山水，对自然美景抒怀。山水由唐入宋有一个很大的变化是从"可行""可望"转向了"可居""可游"，畅游西湖的快乐和寄情山水的逍遥最终都可化成脍炙人口的诗篇。二来可居于寺庙，白居易悟虚妄而怀深情，"焚香稽首，跪于佛前，起慈悲心，发弘誓愿"[1]，调和了儒家"兼济"与"独善"和佛禅"自利"与"利他"、"渡己"与"渡人"的矛盾。在他的引领下，出城游湖、进山礼佛成了老百姓的日常生活。

与西方乌托邦中城墙的硬区隔不同，实际上，西湖四周并没有围墙，因此区隔是相对于城里人而言的。宋代之后，随着里坊制的瓦解，城市内部空间基本上呈现开放状态。据记载，南宋临安瓦舍勾栏达到了二十三处之多[2]，足见市井生活之繁华。高于城门的建筑、山体（如吴山、凤凰山），是文人钟爱登临的地方，也是可以远观西湖美景的视点。这种远距离的对象性观看产生的审美体验，使人产生一种开阔、旷达的山水望境。正如欧阳公所言，"山水登临之美，人物邑居之繁，一寓目而尽得之"[3]。西湖四周环山，虽然山势不如泰山，但绵亘蜿蜒，秀丽协调。南宋时期，临安城设有旱门十三座，水门五座，靠近西湖一侧有四座城门：钱塘门、

---

[1] 白居易：《白居易集》，顾学颉校点，中华书局，1979 年，第 1497 页。

[2] 胡臻杭：《南宋临安瓦舍空间与勾栏建筑研究》，东南大学出版社，2010 年，第 53-54 页。

[3] 欧阳修：《欧阳修全集》，李逸安点校，中华书局，2001 年，第 585 页。

丰豫门（即涌金门）、清波门、钱湖门[1]，而水门则直接可以进入湖中。从史料来看，除有战事阶段，其余时期进出城门并没有设置太多障碍。因而，不管是文人雅士还是平民百姓都可在进城与出城之间，或得山水之真趣，或解身心之疲乏，实现两个世界的转化，从而获得一种身心的调适与和谐。

再次，"中隐"思想影响了城市审美文化。白居易之后主政杭州的官员，或多或少延续了其"中隐"理念和处世哲学。两度主政杭州的苏轼深受其影响，自称"出处依稀似乐天"。虽然谪居杭州，但作为杭州的通判或太守，一方面，他积极主导了城市供水系统建设、城市内河疏通、西湖疏浚等一系列工程，在城市水利建设上功绩卓著；另一方面，他继承了白居易"中隐"精神，将西湖作为诗意的栖居之地，在解决民生之艰后，又发掘民生之乐，又投入于西湖景观营造和文化建设。他同样纵情山水、参禅悟道、饮酒作诗，给西湖留下了最丰厚的人文记忆。[2]他一面遵从儒家大义，一面又探求道、释奥妙，在为政进取与游心无极之间融汇二者，"从而形成一种很宽厚、很富于适应性的处世态度和人生哲学"[3]。

白、苏两位主政官员对西湖的治理，树立了文人治湖的典范，既注重西湖作为自然湖泊的水利功能，又对西湖的文化功能具有自觉认识。以审美的视角将山水园林景观建设和为民众提供游赏娱乐便利结合起来，这就彻底转变了西湖以及周边区域的功能，使其具备了公共空间的性质。同时，游赏之风兴起让日常闲适生活入诗，使得城市审美文化出现明显的两重性特征：积极入世，享受活色生香的世俗生活乐趣；内敛淡泊，渴慕"梅妻鹤子"超然绝尘的隐士心境。

---

[1] 吴自牧：《梦粱录》卷七，浙江人民出版社，1980年，第52页。

[2] 王劲韬：《苏东坡时期杭州西湖的水利及水文化探析》，《中国园林》2018年第6期，第14页。

[3] 张海鸥：《宋代文人的谪居心态》，《求索》1997年第4期，第95页。

　　审美精神的内倾化趋势和世俗化趋势同时并行，成为"西湖梦"的重要文化表征。"中隐"思想蕴含两种乌托邦的审美旨趣，不同阶层的审美主体均可在西湖山水之间获得属于自己的精神满足。

第三章　"山—水—湖—城"空间模型

　　"空间绝非绝对的物自体，而是同时依赖于环境的事实（社会关系），因此，社会正义和城市就存在密切的关联。"[1] 西方近现代最为著名的人本主义城市规划学者埃比尼泽·霍华德（Ebenezer Howard）提出的"田园城市"理论，就是要创造整体性理想城市，兼具城市和乡村的优势，从而在公共空间中实现均质化，即空间的正义与公平。田园城市试图打破"墙"的各种区隔，让城市文化与乡村自然融合起来。西湖"乌托邦"则不同，它本就是在湖城时空演化历史中逐渐形成的，是现实世界与理想人居不断靠近、不断融合的结果。西湖山水城市促进了园林这一公共空间与城市的融合，加深了两者之间的互动联系，为塑造山水园林与建设理想城市提供了案例。

第一节　山水营城

　　从中国城市发展史的角度来看，中国古代城市规划主要遵循两种思想。一种是以《周礼·考工记》营城制度为理念，融合儒家礼制规范而形成的规划思想：

---

[1]　David Harvey. Social Justice and the City. Basil Blackwell Publishers, Oxford, 1973.

匠人营国，方九里，旁三门，国中九经九纬，经涂九轨，左祖右社，面朝后市，市朝一夫。[1]

第二种是管仲"自由城"的理念，强调因地制宜进行城市的规划建设：

凡立国都，非于大山之下，必于广川之上；高毋近旱而水用足；下毋近水而沟防省；因天材，就地利，故城郭不必中规矩，道路不必中准绳。[2]

第一种思想是中央集权的封建制度所采用的主导思想，中国古代城市大都遵循这种规制，尤其是处于政治经济文化中心的都城，其城市规制有着严格的礼制约束。而作为乡村经济中心的市镇则更多按照依形就势原则规划与建设。

就中国传统哲学思想中对理想城市的塑造来看，对美好人生的道德追求与城市人居环境的要求是相互耦合的，是"天人感应""天人合一"的至高境界在物质层面和精神层面的双向实现。从城市起源来说，"在从村落经济向高度组织化的城市经济进化过程中，最重要的参变因素是国王，或者说，是王权制度"[3]。所以，从某种意义上说，古代城市是作为"天道"代言人的王的政治理念与思想意识在空间上的落实。

按照这一观点，最能代表王权制度与中国传统儒家思想融会合一的城市是元大都。因其延续了《考工记》中遵循礼制的城市规划，而成为"儒教乌托邦"中理想都城的极品。[4]

---

[1] 《考工记译注》，闻人军译注，上海古籍出版社，2008年，第112页。

[2] 管仲：《管子·乘马第五》，房玄龄注，刘绩补注，刘晓艺校点，上海古籍出版社，2015年，第22页。

[3] 刘易斯·芒福德：《城市发展史——起源、演变和前景》，宋俊岭、倪文彦译，中国建筑工业出版社，2005年，第38页。

[4] 王耀武：《西方城市乌托邦思想与实践研究》，中国建筑工业出版社，2012年，第156页。

相比而言，杭州并非正统意义上政治王权驱动下的都城，就其形制而言，与正统王朝的首都相比，在形状、象征的威严方面都不无缺憾。[1]杭州缺乏与都城相称的宏伟气派，而"腰鼓城"那种相对狭窄城市形制在情理上也是有所不足的。但从另一方面看，这恰是中国古代城市规划因地制宜、因形就势的思想智慧的体现。因为中国古代城市追求的是"人格空间""神格空间""礼格空间"三者的统一[2]，西湖依托的杭州城，立足于自身山水自然禀赋，融汇"自由城"和"礼制"两种规划思想，根据地理空间演化与城市功能定位的调整，通过长期以来对天、地、人、居的整体经营，最终形成理想人居环境。

从城市选址上说，"形胜"为首要因素，"其固塞险，形势便，山林川谷美，天材之利多，是形胜也"[3]。换言之，险峻而壮美的自然环境是建设理想城市的先决条件。

关于杭州的形胜，白居易认为："杭自郡城抵四封，丛山复湖，易为形胜。"[4]"丛山复湖"形成了杭州山水环抱的自然空间格局（见图 3-1）。这在方志的记载中得到确证："钱塘负山面海，浙水走汇，腹抱西湖，而外环海塘，乃吴越之门户。"[5]

[1] 斯波义信：《宋代江南经济史研究》，何忠礼、方健译，江苏人民出版社，2012年，第321页。

[2] 王树声：《黄河晋陕沿岸历史城市人居环境营造研究》，中国建筑工业出版社，2009年，43页。

[3] 荀况：《荀子·强国》，杨倞注，耿芸标校，上海古籍出版社，2014年，第195页。

[4] 白居易：《白居易全集·冷泉亭记》，丁如明、聂世美校点，上海古籍出版社，1999年，第637页。

[5] 魏峑、裴琩等：《康熙钱塘县志·卷一形胜》，上海书店出版社，1993年，257页。

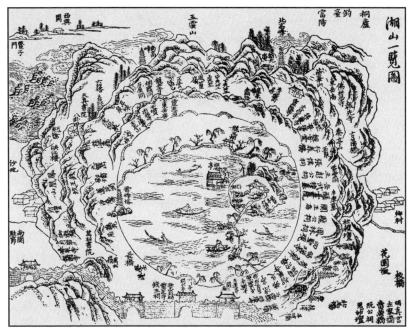

图3-1 湖山一览图 (《西湖图说》卷一)

对于城市的战略地位,陈亮在《龙川文集》中写道:

其地南有浙江,西有崇山峻岭,东北有重湖沮洳,而松江、震泽横亘其前,虽有戎马百万,何所用之?此钱镠所恃以为安,而国家六十年都之而无外忧者也。[1]

而据《光绪杭州府志》记载,对南宋都城选址杭州而非南京做了比较说明:

朱子言建康形势雄壮,然淮安则止隔一水,欲取则都建康,欲自守则临安,近时言者亦谓昔人答宋都临安遂成偏安之局,不知临安虽

---

[1] 陈亮:《龙川文集》,中华书局,1936年。

偏安，前有襟障，左右臂有伸缩，是以宴安者百余年，六朝都建康过于浅露，荆雍江鄂上游，跋扈未有三十年无事者……北枕江淮，南极与宁，地大物众，供给当天下半。[1]

这种环山抱水的自然环境满足了城市最重要的两大基本功能，即防御的安全需求和经济的发展需求。

从城市"理水"来说，在中国古代城市规划建设中，理水与营城往往相辅相成。隋唐时期，修筑海塘对抗海水潮汐冲击，不仅使西湖得以完整成型，而且也为城市化提供了可拓展的腹地，为后期的城市营建奠定了基础。

例如，隋大业六年（610）大运河开通，引河入湖使得湖水淡化，大大改善了湖水的天然环境。为确保城市用水，在西湖的北部设置"石函"，在南部设置"笕"，从而使西湖成为独立的蓄水湖。[2]西湖除作为城市生活的淡水水源之外，还是周边农业用地在旱季时重要的补给水源。可以说，自隋唐时期始，西湖逐渐发展为杭州人居环境的重要部分。

到南宋时期，杭州江、河、湖、海、溪"五水共导"的水系结构已经较为完备，城市山水的空间秩序已基本定型（见图3-2）。从形态功能上说，西湖首先是一个公共蓄水池，水系的流入与流出，使得西湖成为生态资源交换的公共场域。

首先，西湖汇集各方水源，所谓"武林山出武林水"，雨水、泉水、溪水从四周连绵不断的山坳顺流而下，潺潺不息注入湖中，不但可以补给水源还能净化水质，淡化湖水。一方面，河水冲淡西湖，使其成为可供农事、

[1] 王兆明、付朗云：《光绪杭州府志·卷四形胜·欧阳元江浙行省兴遗记》，上海书局出版社，1991年。

[2] 白居易《钱塘湖石记》中记载："钱塘湖一名上湖，周回三十里。北有石函，南有笕。"

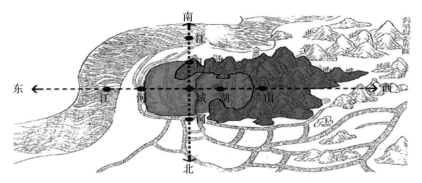

图3-2 "山—水—湖—城"空间结构[1]

生活使用的活水；另一方面，淡化后的西湖水又可以反哺运河水流不足，以免河道淤塞，这是双向流动的互生共赢。而且，聪明的杭州人民已经发现，通过制"井"，可将过滤后清澈甘甜的湖水送至千家万户。唐代李泌首创的六井，在白居易、苏轼等官吏的改良下，成为城市最早、最为完备的供水系统，而西湖也成了名副其实的"母亲湖"。

其次，由于有了西湖水系的支持，内河、运河与钱塘江、东海相互连通，城市的商贸产业不但可以通过大运河向北方广袤的腹地辐射，而且还可以沿江入海，外扩到东南亚甚至欧洲国家。概言之，正是有了西湖的联结、贯通、交换作用，东海、运河、内河、溪流以及城市周边毛细血管般的水系，形成了一个有机的生命体系。

从"营城"方面来看，古代杭州城市的规划、建设整体上是基于山水空间秩序而进行的人工营建，体现了管仲"因天材，就地利"的实用主义思想和对天地自然的敬畏。一方面，从传统观念来说，城市整体地势为西高东低，水自西向东的流势使得各路水流汇聚于湖，在城市西边营建西湖

---

[1] 底图源自《康熙钱塘县志》，参见朱玲：《杭州古代城市人居环境营造经验研究》，西安建筑科技大学硕士学位论文，2014年。

就可涵养西方水源生气，契合环抱水势要求 [1]；另一方面，杭州依山就势，以水网和道路为骨架进行城市功能分区，形成了水街相依的空间布局。

城市的空间分布与城市社会生态分化密切相关。两宋时期经济文化蓬勃发展使得城市营建十分活跃，体现在城市空间布局上，就是顺应现实原则而不再遵循严苛的礼法规制。

南宋扩建临安城，城区南北长十四里，东西宽约五里，其面积约为六十平方里，城之四周设有十三座旱门和五座水门。城市沿着水路、街道交通框架，布置不同的功能区，官绅区、军营区、补给区、经济中枢区分布在御街两侧。以御街为中轴线，西侧有临后市街的诸皇后、皇太子住宅群，北部有金融商业集聚区，东南部则是香药、珠子、酒楼、妓馆等场所。西城垣之外是西湖畔的别墅地、风景区，其北是连绵的军营地，城墙内吴山麓和六井一带为主要的官绅区，盐桥运河（南北轴）西侧的中央部位是楔入这一官绅区的经济中心区。在盐桥运河东侧的城垣内，北部是仓库和军营，中部是中产以下平民的居住区，形成了居民住宅与商铺交错杂处的新型坊巷式的聚居方式。[2]

经济中心处于整个都城地理空间的中心位置，而作为国家权力象征的皇宫则显得有点"偏安一隅"。不过，这也说明南宋时期商业经济的高度发达在一定程度上冲淡了政治集权高高在上的地位。

第二节　湖城关系

帕特里克·盖迪斯（Patrick Geddes）在他的成名作《演变中的城市》

---

[1] 骆映心：《基于山水城市理念的城市"西湖"建设研究》，《天津农业科学》2017年第8期，第105-112页。

[2] 林正秋：《杭州城市建设史研究》，中国文史出版社，2012年，第89页。

一书中指出："城市不仅是空间上的一个点，也是时间上的一台戏。"作为江南城市的代表，杭州城市的建设、发展与水系治理密不可分。从湖与城之间的发展关系来看，大致经历了"混沌一体""湖城相隔""湖城一体"三个阶段。

从先秦到隋代建城之前为湖城"混沌一体"阶段。这一时期西湖还未完全定型。从史料来看，杭州"可能在战国时楚已置县，秦因之"[1]。彼时西湖与海相接，水域延伸到灵隐山下，当时的杭州（钱塘县治）大概在"今（西）湖以西，北至岳坟西去灵隐一带"[2]，当时仅有数千户劳动人民散居在这里[3]。从秦到隋开皇九年（589）正式建置杭州，此间的八百多年间钱唐县都是山中小县。[4] 在这一阶段，西湖与周边群山、集镇、集聚区之间并没有城墙区隔，而是连成一片。

自隋代建城到民国时期拆除城墙之前为"湖城相隔"阶段。在这漫长的千年里，经过人类活动的"驯化"和创造性营建，西湖由风光清秀的自然湖演变为诗情画意、活色生香的人文湖、景观湖，从某种意义上说，是城市文化完成了空间建构。

隋唐时期城墙之外的建设较为缓慢。隋文帝时开始建筑杭州城墙，虽然目前对于隋代城墙的四至范围还没有定论，但较为可信的说法是"开皇十一年，始迁城于凤凰山，杨素筑之，周回三十六里九十步，其城垣在北部平原者，北抵钱塘门而止"[5]，即东临中河，南起凤凰山，西濒西湖，北至今体育场路。唐贞观年间，钱塘县迁治濒西湖，由此，西湖三面环山、

[1] 周峰：《元明清名城杭州》，浙江人民出版社，1997年，第196-198页。

[2] 周峰：《南北朝前古杭州》，浙江人民出版社，1997年，第11页。

[3] 《水经注》中说："浙江又东径灵隐山，山下有钱塘故县，王莽时改为泉亭。"清人在考证钱塘县古址时说："古钱塘在郡治西南近黄山浦"，目前尚无定论。参见林正秋：《古代的杭州》，《杭州大学学报（哲学社会科学版）》1978年第2期，第127-138页。

[4] 林正秋：《杭州城市建设史研究》，中国文史出版社，2012年，第9页。

[5] 钟毓龙：《说杭州》，浙江人民出版社，1983年，第177页。

东岸临城的历史空间环境初具雏形[1]，形成了"城内"与"城外"两种不同形态，推动了西湖周边景观建设和城市化的发展。

钱镠建立吴越国，曾三次扩筑杭州城，城垣从三十多里扩至七十多里，西城墙与西湖东岸紧密相连。南宋驻跸临安，作为集全国政治、经济、文化三个中心于一体的都城，增筑内城及东南的外城，在扩建宫城的同时，陆续兴建郊、庙、宫、观，使都城建筑的礼制日趋完备。

两宋时期，随着江南运河的繁荣、钱塘江水患的治理、城内水系的完善，西湖得到全方位的治理，城市空间格局趋于稳定，湖与城之间形成了互促互荣的发展格局。由江、河、湖构成的城市水系，串联了城与市，沟通了城与湖。商业贸易的兴起让杭州的城市经济与文化得到快速发展，呈现出"灯火家家市，笙歌处处楼"[2]的繁荣景象。基于政治宽松、人口聚集、经济发达等多方面的因素，城市要素外溢到城外，大大促进了湖山之间公共空间建设。

元朝曾拆毁各地城墙。杭州城墙轰然倒塌后，百姓可以自由出入，但彼时对西湖废而不治。元末张士诚为加强杭州城市防御又复建并巩固了城墙，这城垣一直延续到明清时期。清代杭州行政中心由南向西，紧贴西湖建设了满族"旗营"。这使得城市虽然在地理空间上更接近西湖，但百姓出城游湖极为不便，反而在文化心理上造成一种疏离。

民国时期先后拆除了旗营钱塘门至涌金门隔开城湖的一段城墙，修筑湖滨一带的街道，并在旗营旧址扩建新市场。同时沿着西湖岸线先后辟置六个现代化公园，至此西湖与杭城真正合璧，连为一体。当时有杭谚："大变情形，西湖入城。"[3]与此同时，公路交通网络的建设与沿湖码头的增设，

---

[1] 徐吉军：《南宋临安社会生活》，杭州出版社，2011年，第253-254页。
[2] 白居易：《白居易集·正月十五日夜月》，顾学颉校点，中华书局，1979年，第450页。
[3] 钟毓龙：《说杭州》，浙江人民出版社，1983年，第191页。

加强了湖上区域的可达性，使西湖成为城市公共空间的延伸和城市生活场所的延续。[1]

近代以来，受西方城市规划思想影响，政府都是通过有意识的城市规划作为引导而推动杭州与西湖的融合性建设。如根据《湖滨地区建设"新市场"计画（1914年）》《杭州文化城之初步计划》《1932市政府分区计划》《杭州市域城市总体规划（1951）》等规划逐步建设，进而形成了以西湖为中心的"湖城一体"的城市结构。

值得注意的是，对于西湖风景区与城市建成区之间的关系，由于不同时期主政者对城市定位的不同而出现规划反复调整的现象。比如，1932年西湖的定位是"风景区"，1947年是"游览区"，到1951年规划、1953年修编的《杭州市域城市总体规划》中提出了以西湖为中心的城市规划意图。通过环状道路与旧城区相联系，不仅将西湖纳入到城市中，也明确了构建环状城市结构的意图。[2]自此，西湖由湖城相隔彻底走向了湖城相融，西湖成为城市框架内的公共风景区。

由此，杭州与西湖的空间关系，呈现了从"混沌一体"到"湖城相隔"再到"湖城一体"的发展轨迹（见图3-3），湖城之间的关系由疏离到紧密再到融合，西湖最终从一个天然潟湖转变为一个人工湖，进而成为城市内部的公共空间。

在山水城市形态变迁的过程中，西湖经历了四种要素的融合。山水风景名胜（庭园）、杭州城（城区）、"市"（城市周边或者内部形成的以集市为中心发展起来的城市化地区）、农村[3]四种元素通过水系网络，城

---

[1] 都铭、张云、陈进勇：《园林、风景与城市：近代城湖关系变迁下西湖湖上园林的演进与转型》，《中国园林》2019年第4期，第52-57页。

[2] 傅舒兰：《杭州风景城市的形成史——西湖与城市的形态关系演进过程研究》，东南大学出版社，2015年，第105页。

[3] 傅舒兰：《杭州风景城市的形成史——西湖与城市的形态关系演进过程研究》，东南大学出版社，2015年，第174页。

内的园林如寺庙园林、私家园林与城外西湖周边开放的寺庙园林、公共园林形成一定的绵延和关联，使得城内"小"自然山水与城外"大"自然山水获得跨越地理空间的联通。

民国以来，在"三面云山一面城"的地理空间格局下，通过公园化建设，西湖山水园林与城市发展紧密联系在一起（见图3-4），在城市经济活动、文化生活中两种形态不断促进、融合，进而逐步形成具有城市文明形态的"山—水—湖—城"的城市格局。

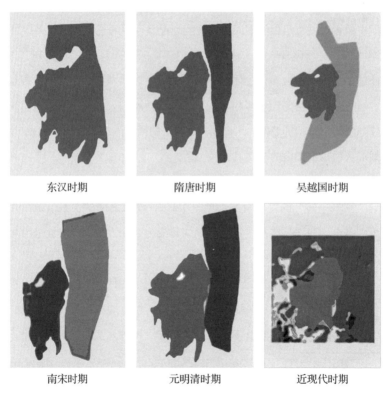

| 东汉时期 | 隋唐时期 | 吴越国时期 |
| 南宋时期 | 元明清时期 | 近现代时期 |

图3-3　历代湖城关系演化示意[1]

---

[1]　作者自绘。

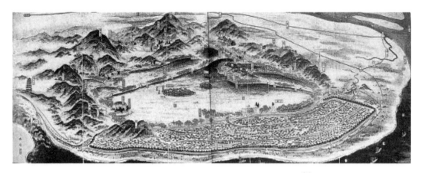

图3-4 民国时期"城湖融合"的形态[1]

第三节 山水景观

公共空间以开放性的建筑空间载体为依托，为人类提供共同生活的场所。它是人类与自然进行物质、能量和信息交流的重要空间场所。园林是其中最为典型的一种形式。在西方，城市公共园林起源于古希腊时期的奴隶制民主政治生活，林荫道、草地、建筑装饰以及座椅、凉亭等公共设施，通常供公共聚会、自由辩论、社交节庆、祭祀礼仪等活动所需。在中国，公共园林发展的主要思想来源是君主"与民同乐"的仁政思想。然而，在宋代之前，"与民同乐"的群体并不是全体民众，而主要是皇族、官员及贵族群体。在宋代，"纵民游观，民心遂安"的思想观念映射在社会生活中，不论是皇家活动，还是地方官员主导的公共活动，均向各个阶层开放，而且女性、平民也加入游赏活动之中。宋代是"全民"游赏园林的兴盛时代，一方面与统治阶级"与民同乐"的政治理念相关，另一方面也与当时城市性质及城市空间布局的转变密切相关。

---

[1] 见《民国杭州老地图》，这时候西湖已处于城市版图的中央，西湖的道路与城市路网结构融为一体。随着沿湖马路的建设与西湖游船码头的增加，人们由城入湖游览更为便捷，水上游览线路也更为丰富。

纵观历史，西湖周边的园林建设有五个高峰期：第一个时期是东晋到五代吴越国时期，佛教的兴起推动了寺庙园林的建设。东晋咸和元年（326）印度高僧慧理创建灵隐寺。隋唐时期，随着佛教宗派分化，禅宗盛行，凤林寺、定慧寺、韬光寺、招贤寺、龙井寺、圣果寺、天龙寺等一批名寺的建立让寺庙园林大放异彩。吴越国在杭州建都，并将佛教奉为国教，大力兴建佛寺的同时也推动了杭州园林的建设。第二个时期是两宋时期，经济上的发达与文化上的繁荣推动了以整个西湖山水为中心的园林建设。随着政治中心的南移，西湖周边园林建设也到达了顶峰："园囿林立，超过了同时代的苏州，成为南宋一朝园林最发达的城市。"[1]第三个时期是民国时期，由于西方城市规划思想的传入，西湖周边公园化建设一时成为市政建设的重点工作，传统园林逐渐向现代公园转型，西湖成为市民、游客公共活动的重要场所。第四个时期是 20 世纪 50—80 年代的"人民公园"改造。第五个时期是 21 世纪前十年，围绕西湖申报世界文化遗产而开展的西湖综保工程等一系列园林文脉保护、景观再建和公共文化空间建设活动，重新捡拾和梳理西湖历代文脉遗存，全面整治西湖生态和恢复历史景观。随着申遗成功和免费开放政策的推行，西湖成为名副其实的城市公共空间和公共文化产品。

回溯历史，北宋时期随着经济社会的发展，在苏轼等历届官员的积极治理下，西湖景观群落初具雏形，出现湖堂、涌金池、柳洲等上百处景点[2]，获东南第一州、地上天宫之美誉。这一时期，从景点的分布来看：南线景区主要有吴山东岳庙、龙山表忠观、虎跑泉；西线景区有飞来峰北宋造像、慧因高丽寺、龙井；北线和湖中景区有保俶塔、湖中三塔、孤山

[1] 林正秋：《杭州城市建设史研究》，中国文史出版社，2012 年，第 211 页。
[2] 参见杨蟠：《西湖百咏》，《全宋诗》卷四〇九，第 8 册，第 5034-5052 页。郭祥正：《和杨公济钱塘西湖百题》，《全宋诗》卷七七八，第 13 册，第 9006 页。

诸名胜，文化内涵也较过去更为丰富，人文荟萃，儒释道并兴，成为东方文化的大观园。游览与民俗活动也较隋唐五代时期明显增多，有灯会、西湖竞舟、钱江观潮、金鱼观赏、西湖放生（见图3-5）等。

到南宋时期，"西湖十景"的产生加速了皇家园林与贵族园林对空间公共权的让渡。受"与民同乐""景观文治"思想的影响，帝王不再视皇家园林为私用的皇家财产，而是在特定时期欢迎百姓入园共赏。此外，南

图3-5 放生嘉会（《西湖图说》卷一）

宋帝王也将行宫御苑作为封赏赐予宠臣作为私园，如权相韩侂胄之南园（庆乐园）、贾似道之后乐园（集芳园）等。贵族的私家园林因举办文人雅集、悠游宴请等活动也往往向文士群体开放。在节庆期间，普通百姓也能走进这些平常不可触及的园林。

"西湖十景"与皇家园林关系密切，如"十景"之一的"柳浪闻莺"就曾是皇家园林聚景园中之景。柳浪闻莺的命名取自白居易《钱塘湖春行》，相传"湖东"一带分布着大量的柳树，从清波门至钱塘门，绵延五里，甚为美观。此后，西湖景观继续在不断地改造与增设中发展，至宋代设有"御园"，据《武林旧事》记载，"湖上御园，南有聚景、真珠、南屏，

北有集芳、延祥、玉壶，然亦多幸聚景焉"[1]。虽为皇家园林，但从北宋时期起，宋室就有皇家园林定期向百姓开放的传统。阳春三月，坐在西湖游船上欣赏杨柳轻拂、黄莺欢叫的景观并非是特权阶层独享的权利，普通游客与平民百姓也可企及。

围绕着"西湖十景"的景观空间，官方建造了诸多亭台楼阁，供游客游览、观景、休憩之用（见图3-6）。从旅游交通工具来看，游人可以水路游观、陆路行观；从观看视点上说，游人可以登高俯瞰，也可低处仰望；从观赏距离上说，游人可以远观，也可以近触；从审美方式上看，可以对象性欣赏，也可以沉浸式体悟。总之，游船、水榭、车马、亭台、高楼等，都是景观公共空间的延伸。每个人都可以在西湖形态各异的公共空间中寻得属于自己的方寸天地，悠然自得。

从游赏的角度来看，欣赏"十景"可以分为"从此处向别处看"和"从别处向此处看"两种视角。这是由西湖环形的地理空间结构所决定的。比如，十景之首的"苏堤春晓"。首先，苏堤本身的景观布局十分巧妙，如映波、锁澜、望山、压堤、东浦和跨虹六座拱桥由南而北，依次分布，与行人的游赏、休憩间奏相适；其次，苏堤景观与周围山水楼阁交相呼应，不同的观赏视角可以看到相异的美景，可谓身在堤上而美在其中。如从映波桥处观西湖，水面开阔，远近层次丰富。东南有"雷峰夕照"，东北有"三潭印月"，东望远处是湖滨都市之景，西侧有"花港观鱼"小景，可以说是步移景异。

地理空间之外，建造者依景观欣赏的动线不同而设置凉亭等配套设施，增强了西湖公共服务的功能。比如观赏"平湖秋月"之景，南宋时期并无固定的地点，人们可沿湖漫步欣赏，体验其水月相融、不知今夕何夕的意

---

[1]　周密：《武林旧事》，浙江古籍出版社，2011年，第48页。

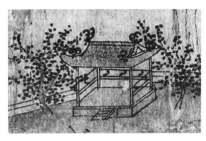

四方歇山顶亭，三面设美人靠　　　　　十字坡脊顶亭

四方攒尖顶亭，三面设美人靠　　　　六边六角攒尖顶亭

卷棚木板顶长方亭　　　　湖边御苑中的红格子窗亭

图3-6　西湖周边供观赏、休憩的亭子[1]

---

[1]　傅伯星：《大宋楼台——图说宋人建筑》，上海古籍出版社，2020年，第174页。

境，后来随着孤山皇家道观四圣延祥观的建造而增设了望月亭。康乾时期，又为这一景观建设了御碑亭，固定了其欣赏的视角，成为流传至今的良辰美景。

随着公共游览活动的频繁，以"西湖十景"为核心的景观序列，不断拓展其公共空间，整体呈现有序化发展。从空间分布来说，"西湖十景"均在西湖湖面核心位置。由宋至清，不断更新、发展，如元代在"西湖十景"的基础上形成"钱塘十景"；清代大力整治西湖，在元明时期西湖景观的基础上又形成"西湖十八景"。这个时期，西湖景观不仅包括自然景观及宗教、民俗活动场所，而且游赏空间更为丰富，不仅有吴山、凤凰山等传统名胜，也有天竺、云栖等山林湿地，对于西湖公共游赏空间的拓展和游赏体系的完善具有重要意义。[1]

此外，就公共空间的特征来说，可以分为三类：一是自然山水景观空间如"双峰插云"。这类景观主要是自然天气与山水景观相结合，白雾缭绕，双塔入云，时隐时现，云山不辨。这种迷蒙的景观并非随时可见，南宋时从凤凰山上望之，方可得其神采。明代李流芳主张到苏堤第三桥望山桥上观赏此景。总之，这种意境独特的景观与观者所处的环境位置、气候条件、主观选择与共情能力均有密切的关系。二是纪念性人文景观空间。不同于"四照阁""报恩院""帝师殿"等因朝代更迭而或废或兴的景观，纪念白居易的"金沙井"、纪念苏轼的"六一泉"、纪念岳飞的"岳庙"以及承载着梅妻鹤子传说的"林和靖墓"历经多代，"千古犹在"[2]。三是宗教类园林空间。由于古代城市缺乏公共空间，寺庙往往成为普通百姓自由集聚活动的公共空间。客观上说，礼佛、庙会等公共活动，推动了寺

---

[1] 洪泉、唐慧超等：《清前期浙江总督李卫的杭州西湖治理与公共游赏体系建设》，《中国园林》2020年第9期，第139-144页。

[2] 王国平：《西湖文献集成》第3册，杭州出版社，2004年，第65页。

观园林的发展。

可以说，景观公共空间是随着人类活动范围的扩大而不断扩张的，这种扩张既体现为物理空间上的增量，也表现为公共服务设施配套的不断完善。

第四节　寺观园林

许多学者认为，中国古代城市建设中没有开辟像西方古代城市那样的广场、剧院等公共场所，因而是缺乏公共空间的。实际上中国古代公共园林、寺庙园林虽非西方意义上功能明确的公共空间，但因其具有开放性、共享性、可及性等显著特征而成为中国古代公共生活的中心，故可将其视为中国古代的公共空间。

西湖一带是宗教建筑与山水风景开发相结合的典型区域[1]。寺庙园林较为密集地分布在西湖一带，其重要原因在于能够因山就水，占山成景。建筑布局时，可截取山水的局部空间而创为园林化的寺院环境。

首先，山秀水丽的西湖吸引了诸多的寺院。寺院讲求地势、水源与风景，越是知名的寺院对环境的要求也越高，而西湖诸山之上建有寺院者十居七八，是国内少有的名寺聚集地。如圣果寺在"旷爽清傲"的凤凰山巅，登高可将武林诸山水尽收眼底；净慈寺建于"千岩万壑"的南屏山，游于寺中可"俯瞰西湖，翠绕南屏"[2]，可称"五山"之首；灵隐寺藏于武林山上，可谓"秀极而为万状，翠钟而成一色"[3]。众多的寺院因西湖山水而建，

---

[1]　杨童周：《杭州西湖汉传佛寺园林空间研究》，浙江大学硕士学位论文，2015 年。

[2]　释际祥：《净慈寺志》，杭州出版社，2006 年，第 88 页。

[3]　孙治、徐增：《灵隐寺碑记》，《杭州文献集成》第 6 册，浙江古籍出版社，2014 年，第 84 页。

同时也为西湖山水增添了"濒湖百刹，钟鼓相闻"[1]的人文意蕴。

其次，舍宅为寺的传统使寺庙在成为公共寺庙之前，就已具备丰富的园林空间。在吴越国建立以前，舍宅为寺的情况就已存在，如太康年间，葛洪舍宅为寺而成慈严院。南宋时期，上至王室贵族、下至普通民众，都有舍宅为寺的行为，因而寺庙园林空间形态较为多样。当然，香火旺盛的寺庙大多为王室贵族支持建设的。

宋代杭州寺院公共空间形成的主要途径有二：一是皇家支持，这类寺庙一般规制瑰杰；二是舍宅为寺，具有一定经济实力的信徒支持寺庙创建。此外，还有少数因佛法灵验吸引信徒而创建寺院。由于佛教寺院空间不断融入政治思想和世俗化、大众化的传统文化，因而成为极具包容性的公共空间。

寺院内部空间作为佛事活动的场所具有固定规制，而园林空间排布则多按照其地形地貌和游览动线的需要进行设计，利用自然中平淡无奇的花草、树木、石阶等介质，将各种佛塔、假山、佛像、路亭、回廊、游廊等景观串联起来，触发人的直观感受，使人们在欣赏自然美景的过程中进入物我交融的心理状态，进而体悟"菩提本无树，明镜亦非台。本来无一物，何处惹尘埃"的禅境。

宋代之后，游览山寺不再是少数名士的雅趣，也是普罗大众放松精神的生活方式。

释老之教，"其盛衰，每系乎时君之好恶"[2]。客观地说，从五代时期钱氏尊佛到南宋"五山十刹"寺院管理制度，再到康乾时期帝王多次巡幸，每一次帝王的推崇必然推动杭州寺观园林的发展。

两宋时期，宗教发展因政局变动、财政变化以及皇帝偏好等因素而消

[1] 吴树虚：《大昭庆律寺志》卷一，杭州出版社，2007年，第7-8页。
[2] 脱脱：《宋史》，中华书局，1976年，第4517页。

058

长起伏，但总体上呈现佛教繁盛、道教勃兴和政教调和的局面。[1]《梦粱录》记载，杭城内外寺院共计 473 所。而据《咸淳临安志》载，杭城内外寺院总计 496 所。到南宋末年杭州城内外 450 所，下辖区域 323 所，足见宗教之兴盛。

余英时指出，唐代中后期兴起的新禅宗、宋代出现的新儒学（理学）以及此际兴起的新道教鼎立而三，"都代表着中国平民文化的新发展，并取代了唐代贵族文化的位置"[2]。南宋时期，寺庙园林的兴盛与佛教的世俗化、平民化相关。当然，西湖寺观园林公共空间的形成与当时政治、经济、文化的导向有着密切的联系。

首先，帝王尊佛老。五代时期，出现了"天地闭，贤人隐"的社会大混乱。正是在这种混乱的时局下，处在南方的吴越国在杭州建都。为达到利用佛法思想教化民众的目的，钱镠将佛教尊为国教，大肆修建寺庙。上天竺寺、大昭庆律寺等一批名刹均在这一时期建立。钱氏历世奉佛，今日西湖边佛寺多与有关（雷峰塔为吴越王修），而宋初之名僧（如天台诸僧及延寿、赞宁）多为所庇翼。[3]《咸淳临安志》记载，宋代杭州寺院分布总体密集，不同区域略有差异，城内受空间所限数量较少，而城外主要集中于西湖和府城南北两端。

其次，禅宗融佛俗。佛教徒盛行"舍宅为寺"的风气，许多贵族官僚将自己的宅院捐作佛寺。东晋时司徒王珣和司空王珉兄弟以舍别建虎丘寺，后成为吴中第一胜景，成一时佳话，唐中期以后，禅宗盛行，僧俗融合，普通民众日常的消闲游乐生活，如诗琴棋画、声色犬马、茶道酒品、商市戏社等都无形之中渗透进宗教活动。其中庙会、游园等活动多在寺庙空间

---

[1] 吴晶、周膺：《南宋临安的政教调和》，《国际社会科学杂志（中文版）》2020年第 3 期，第 38-56 页。

[2] 余英时：《士与中国文化》，上海人民出版社，1987 年，第 462 页。

[3] 汤用彤：《隋唐佛教史稿》，中华书局，1982 年，第 295 页。

进行，带动了寺庙园林的开发。据《长安志》所载，长安城内的寺观规模大的可容纳数百人到寺内赏花饮茶。可见此时寺庙园林已经与人们的休闲生活密切相连了。

然而，真正推动寺观园林发展的重要因素是文人参与寺观造园。佛教发展至唐宋之时出现了儒释互融的禅宗文化，文人和禅僧越走越近，这从白居易与韬光禅师、苏东坡与辩才禅师的交往可见一斑。僧人吸纳了儒家经世致用的实践精神，变得日具文人情怀。因此，他们将文人对园林的趣味引入寺庙园林建设之中，增强了寺观园林人文景观和参禅悟道的暗示性。这实际上无形之中提升了寺观园林的建设品质，殿宇依山就水，布局精美，景观幽致，一座佛寺就是一座景观园林。景观营造与禅林趣事相结合，吸引文人、香客纷至沓来。如位于灵隐寺前的冷泉亭，因唐代诗人白居易所书"冷泉"牌匾和《冷泉亭记》等诗文而闻名于世，成为后代文人游览寺观的必游之地。

随着宋室南迁和江南禅宗的发展，杭州成为佛法研修和传播的中心，众多信徒膜拜的同时也带动了寺观园林游览的兴盛。灵隐寺周边的九里云松、合涧桥、飞来峰、冷泉亭等园林景点随之闻名天下；韬光庵、净慈寺、昭庆寺、保俶塔、六和塔、雷峰塔等景点也随之风靡九州。

何谓前导性空间？它是指进入寺庙建筑必经的甬道空间。随着佛教世俗化的演进，寺庙园林得到了长足发展，随之而来的是进山香道逐渐演化成具有独特观赏价值的寺庙园林前导性空间。从前导性空间的角度看，漫长的甬道及两旁葱郁的丛林，不仅可以作为一般老百姓观赏游览的佳景，而且也往往成为善男信女们口中的"香道"或心中的"神道"，是他们进入寺观前净化身心的重要佳境，起到启迪心灵的引导作用。[1]西湖寺观园

[1]　朱钧珍：《中国园林植物景观艺术》，中国建筑工业出版社，2003年，第41页。

林分布在香道周围，或由经过修饰的前导性空间串联起来，成为具有体系和规模的游览空间。

寺庙序列完整、节奏明晰、富于韵律的序幕式空间（前导性空间），具有浩大的空间容量和灵活多样的建筑格调[1]，既能将佛教之高深奥秘体现得恰到好处，发挥其引导大众由"尘世"通"净土"的过渡作用；又能延伸游线，增大寺院外环境的空间容量，缓解人流压力，充分展示其公共园林特质。[2]

寺庙前导性空间根据其进入方式的不同，可分为缓坡式、登道式及广场式三种类型[3]。缓坡式的前导性空间，是以一条坡度较为和缓的香道进行游线引导，形成纵向延伸的线性动态空间，并按需求放大节点，设置亭台等游览设施；登道式的前导性空间，因其所处场地地形起伏较大，故香道需设台阶消化高差，即为一条或曲或直的登道；广场式的前导性空间，因寺前场地有限，无法建设专属香道，常通过寺前的广场空地营造前导空间。但无论何种前导性空间设置方式，都是为了留出更多回转空间引导、过渡，利用园林建筑和植被丰富空间层次，增加幽深之感，便于精神层面的净化。

以灵隐寺为例，灵隐寺位于飞来峰与北高峰之间，它的前导性空间是由黄色的寺院墙与飞来峰的石壁夹道而成。虽然从院外进入寺庙主体空间的距离不长，但是通过沿溪甬道丰富的景观，线路从合涧桥序起经春淙亭转折，这时候俗世的情绪就随势减弱了。再看两边古树夹道相迎，山水之间清风徐徐，缓缓行至壑雷、冷泉、翠微亭而止，泉水潺潺与树荫婆娑构成了极为稳定而和谐的前导性"仪式空间"。

在进入灵隐寺之前，还有一段从"人间"步入"禅境"的甬道，乃唐

---

[1] 赵光辉：《中国寺庙的园林环境》，北京旅游出版社，1987年，第8页。

[2][3] 杨童周：《杭州西湖汉传佛寺园林空间研究》，浙江大学硕士学位论文，2015年。

玄宗开元十三年（725），杭州刺史袁仁敬所植松树构成道路，它在元代被称为"九里云松"，属钱塘十景之一。从洪春桥到灵隐合涧桥大约二公里长，两旁绿荫夹道，烟雾缭绕，似入仙境。明代诗人王瀛《九里松》有云："西入行春翠霭中，长松夹道势凌空。湿凝云气山山雨，晴卷涛声树树风。"这实际上也是引导香客渐入禅境的前导性空间。

第四章　城市生活与公共性

西湖的公共性建立在城市公共性的基础之上，因而必须考察杭州城市演化的历史及其公共性建设的实践。从某种意义上说，城市作为人类活动的一种特定空间，自诞生之初就带有公共性。城市既是空间关系的多形态组合，又是在空间载体之上的社会关系、伦理道德、文化活动的有机承载体。西湖的公共化建设，在两宋时期达到了一个高峰。宋代统治者所倡导的"与民同乐"理念，推动了西湖园林景观和公共功能的建设，公共游赏、节庆活动、旅游商贸等活动都促进了西湖公共性的发展。

第一节　市民阶层崛起

《说文》云："城，以盛民也。"然而，早期城市往往是"盛官"的。城市中位置最优越的区块通常被各种官署公廨、营房及官员、士绅（官员候选人）、衙吏之住宅与园囿所占，普通百姓通常住在城外。这就自然地形成了城内与城外的功能分野：城内主要是行政、文教与士绅住宅区，而城外则是商业、手工业与普通民众聚居区。[1]

---

[1]　鲁西奇、马剑：《城墙内的城市？——中国古代治所城市形态的再认识》，《中国社会经济史研究》2009 年第 2 期，第 7-16 页。

斯波义信认为，南宋都城临安是"无愧于世界之冠的特大都市"[1]，是那个时期中国商业革命、城市革命的典范。当时的城市化是一种特殊的历史现象，突出表现在城市作为政治、经济、文化的极核，"其领域内的所有社会文化组织（政治、自然、社会经济、人口资源、技术、文化）围绕这一核心，向心状、梯次状地进行配置"[2]。由于城市化与商业化的互促发展，政治文化、社会形态、风俗人情等随着城市经济发展而发生转变，进而催生出新的文明形态。

首先，完善的水系交通网络为宋代杭州经济发展提供了至关重要的物质条件，城市以此为基础在有限空间内集结了人口、土地、住房、交通等各种要素，形成了相互交织的社会网络系统。

西湖的疏浚以及江南运河的开通，使得城市形成了通河、连江、入海，内外融通的水上交通网络，杭州凭借这一得天独厚的资源，在江南城市群中获得了发展优势。到南宋时期，杭州不仅形成了"左江（钱塘江）右湖（西湖）、内河（市区河道）外河（京杭运河）"[3]的格局，而且通过钱塘江沟通了内陆河道船运航线与海上航线，成为海上贸易的重要节点城市，进而成为全国最重要的对外贸易主要港口和工商业城市之一。一方面，作为大运河最南端起始点，杭州不但是江南漕运的枢纽，加强了长江中下游与北方地区的联系，而且作为"海上丝绸之路"的重要节点城市，因海外贸易经济崛起，而成为中外经济文化交流的主要通道；另一方面，由于水系交通网络发达，江南地区逐渐形成了"以杭州为中心的偏斜形的同心圆结构的大市场"。[3]杭州获得了资源集散商业中心的地位，不断吸引周边的

———————

[1][2]　斯波义信：《宋代江南经济史研究》，何忠礼、方健译，江苏人民出版社，2012年，第297页。

[3]　徐吉军：《南宋临安社会生活》，杭州出版社，2011年，第247-249页。

[3]　斯波义信：《宋代江南经济史研究》，何忠礼、方健译，江苏人民出版社，2012年，第321-322页。

市镇集市围绕其集聚发展，人口和资源不断涌入城市，促进了城市的崛起。

其次，人口集聚与商贸经济繁荣。商业经济繁荣是城市发展的基础。两宋时期，随着生产力不断提高、商贸经济持续发展，各地人口快速向杭州集聚。一方面，随着商贸经济的发展，周边村落人口向城市自然集聚；另一方面，北方人口大量南迁，到南宋鼎盛时期杭州集聚了 150 万 ~ 160 万人口。南下的政治、文化与商业精英以及各业百姓为杭州城市经济发展带来了充足的劳动力、先进的生产技术和丰富的生产经验，不仅使得农业生产力空前提高，而且也助推了纺织、瓷器等手工业发达，可谓百业兴旺。

不少海外学者，如日本学者宫崎市定将宋代城市经济的发展看作是"近世"社会的开端，因为此时中国古代经济迎来了一个划时代的转变："从自然经济转向商品经济，从习俗取向变为市场取向，从单一种植经济过渡到多种经营，从基本自给自足到专业分工有所发展，从主要生产使用价值转为生产交换价值，从封闭经济走向开放经济。"[1]城市经济的快速崛起，带来社会生活领域的巨大变革，社会结构、文化形态、生活方式等方面甚至呈现出现代社会的雏形。

再次，城市发展制度变革。城市经济的发展必然要求突破束缚其发展的"礼法"制度。一是城市内部坊巷制度的变革。早期郡县城市的经济活动集中于指定的与居民分离的封闭性区域内，有着严格的空间和时间限制。[2]但在杭州，早在唐代末期就已出现了夜市等新兴商业形态。到南宋时期，坊市制被彻底废除，城厢制取而代之，城市内部空间被打通，形成了开放式的街道布局。夜市和临街店铺让老百姓的生活和行动更为方便、自由。工商业活动也逐渐走出封闭区域而向城市的各个角落扩展，进而越

[1]　转引自葛金芳：《走向开放型市场的重大转折——兼论中国传统社会发展路向的转折发生于南宋时期》，《浙江社会科学》2008 年第 9 期，第 80-84 页、第 126 页。

[2]　陈国灿：《中国古代江南城市化研究》，人民出版社，2010 年，第 85 页。

出城墙向城郊地带扩散。[1]

二是宵禁制度的废弛。宵禁制度的废弛，促生了早市与夜市的兴起，改变了人们的生活起居习惯。《梦粱录》记载："杭城大街，买卖昼夜不绝：夜交三四鼓，游人始稀；五鼓钟鸣，卖早市者又开店矣。"[2]事实上，有些早市"四更"就已经开始，数以万计的"铺席"开张迎客，等待着外地的顾客和本城市民。[3]随着早市兴起，饮食文化也变得更为丰富，杭州百姓有喝早茶的习惯，"煎点茶汤药"的各种香草茶食有 240 余种。[4]尽管南宋规定宵禁时间是子夜一点到凌晨三点，但市场热闹的地方常常通宵达旦，宵禁近乎虚设。

三是市民阶层的崛起。人口的流入、城市内部空间的整合以及政治经济制度的变革，最终促使社会结构调整、重组，士商阶层作为新兴群体成为引导城市发展的重要力量。一方面，随着门阀制度的崩溃、科举制的改革，士、农、工、商均为百姓本业成为社会共识，社会各阶层之间经济地位升降更替、社会等级界限松动的现象出现，各阶层的价值取向趋近，社会各阶层开始融合，平民化、世俗化、人文化趋势明显。[5]另一方面，市民阶层自身即为复杂的聚合体。两宋政府单列城市非农户籍的"坊郭户"进行管理，这是"市民阶层"形成的标志，这时"市民阶层开始作为一个独立的群体正式登上了历史舞台，成为不可忽视的社会力量"[6]。市民阶层主要包括工商业群体，据《西湖老人繁胜录》称，南宋时都城临安"有四百十四行"，其背后是庞大的从业群体。同时，"具有商业观念

[1] 白居易：《白居易诗集校注》，谢思炜校注，中华书局，2006 年，第 1626 页。
[2] 吴自牧：《梦粱录》，浙江人民出版社，1980 年，第 119 页。
[3] 何一民：《中国城市史纲》，四川大学出版社，1994 年，第 145 页。
[4] 何一民：《中国城市史纲》，四川大学出版社，1994 年，第 146 页。
[5] 邓小南：《宋代历史再认识》，《河北学刊》2006 年第 5 期，第 98-99 页、第 104 页。
[6] 郭学信：《宋代俗文化发展探源》，《西北师大学报》2005 年第 3 期，第 59-62 页。

和市民意识的官吏、士人、文化人员、农业人员等"[1] 常以双重身份参与到商业活动之中。此外，还出现了大量以经济活动和文化生活为纽带的"行""团""作""社""会"之类的城市社会组织，这种带有自治性质的社会团体是城市公共性的重要载体。

长期以来，儒家思想以及士人精英文化一直是城市意识形态的主导因素。到两宋时期，经济因素和平民化思想形成一股强大的力量，推动了市民文化的兴起，大众化、世俗化的公共生活得到前所未有的普及，西湖的公共游赏活动也成为一种时尚风潮。

第二节 公共游赏活动

宋代杭州市民阶层钟爱西湖赏游活动，一方面是因为宋代统治者倡导"与民同乐"的治国理念，官方支持民众参与西湖公共游赏活动，节庆活动、旅游商贸加速了西湖公共功能的建设。另一方面，公共园林景观建设和私家园林兴盛，让热衷于集会酬唱的文人墨客纷纷将西湖作为其寄情山水的对象。

此外，宋时女性在公共生活中获得了较大的自由，在公共游赏活动、文化艺术活动中表现出的才情并不逊于男性，这与马可·波罗笔下清一色的男人游赏的情景完全不同。临安城各种"社"即演艺人员组织、"会"即从事市民文学创作的文人组织，与皇室及上流阶层之间建立了相互交流的机制，这也是"共乐"时代的表征。

西湖的公共游乐活动之兴盛，可以从范仲淹救灾的历史故事中管窥一豹。据《西湖志》记载，范仲淹知杭州时，正值江浙一带遭遇大饥荒。面

---

[1] 陈国灿：《中国古代江南城市化研究》，人民出版社，2010年，第130页。

对灾情，范仲淹深谙"吴人喜竞渡，好为佛事"两大民俗，提出三项应对之策：一是带头游览西湖，鼓励民众外出游乐带动文化旅游产业；二是举办划船竞渡赛事，于是从春到夏，"居民空巷出游"，乐享湖光山色，带动工商百业；三是"以工代赈"，以"饥岁工价至贱"为由，召集各家住持方丈兴建寺庙，翻修工程，又翻修府库和官吏宿舍，雇佣工匠多达千余人。

显然，范仲淹的做法已超越了官府常规救灾政策规范，因而引来严厉弹劾，指责他"不恤荒政，嬉游不节，及公私兴造，伤耗民力"[1]。然而，面对弹劾，他坦然自若，辩解其中缘由，并提出了"皆欲以发有馀之财，以惠贫者"的公平正义观，并认为"利为民所谋"乃有效之举[2]。"以工代赈"的方式，既为贫民提供了劳动机会，又提振了城市经济。

在西方经济伦理中，有德性主义与功利主义之分，中国伦理哲学中却是体用不分的。在仁宗时期，北宋士大夫已开始由"行道"的观念走向"行道"的实践。范仲淹此举是利用经济伦理解决现实问题，赈灾事件似嬉实正，反映出其执政智慧来自大公之心，是一种尊道而不拘于形式的"大公"之道。

实际上，宋代通过公共游赏活动，利用公共园林（包括定期开放的皇家园林）空间载体，开展官府与平民的交流与沟通。汴京的金明池为皇家园林，每年举行水上竞标活动，其间则"灵囿无禁止，都人任游适"[3]，皇家将龙舟竞渡活动视作"与民同乐"的契机，甚至以诏令的形式将大众游览皇家御苑的权利固定下来。

城市景观的兴衰与城市的兴衰基本上是同步的。南宋时期西湖景观繁华且绚丽，但有元一朝，对西湖"废而不治"，西湖景观日益萧条，直至明嘉靖、万历之后，随着西湖治理的再度兴盛才又繁荣起来。晚明之后，

[1] 沈括：《梦溪笔谈·卷十一·官政》，金良年点校，中华书局，2015年，第114页。
[2] 秦德君：《范仲淹为何灾年赛龙舟》，《决策》2019年第5期，第8页。
[3] 苏颂：《苏魏公文集》上册，王同策等点校，中华书局，1988年，第25页。

旅游活动逐渐蔓延到了社会中下层，从官员、士大夫普及到大众，西湖景观的受众群体覆盖面更加广泛。

实际上，西湖公共游赏活动自僧人、隐士等小众群体肇始，随着西湖景观认同的形成，越来越多的群体通过公共活动参与到景观空间的构建当中。总体来说，围绕景观公共空间的公共活动主要有四类：一是庆典活动，主要是由皇家和官方主办的祭祀、祈福、节庆等；二是民俗活动，主要是官方支持的结合地方宗教信仰和文化特色而开展的活动；三是宗教相关的活动，如香市、庙会；四是士人百姓自发开展的游览活动。但不管何种类型的公共活动，多以集会游赏的方式呈现，体现出休闲悠游的市民文化特征。

对于西湖，杭人几乎无时而不游，"朝昏晴雨，四序总宜"[1]。元宵杭城盛行龙灯，民众呼伴而出；清明祭祖之后，民众常结伴游览湖山；端午之节西湖里龙舟竞渡，摩肩接踵；中秋盛行游湖赏月，"苏堤之上，联袂踏歌"[2]。此外，"都人凡缔姻、赛社、会亲、送葬、经会、献神、仕宦、恩赏之经营、禁省台府之嘱托，贵珰要地，大贾豪民，买笑千金，呼卢百万，以至痴儿騃子，密约幽期，无不在焉"[3]。总之，一年四季，在湖山之间节庆公共游赏活动精彩纷呈，西湖俨然成为了一个"公共客厅"。

周密在《武林旧事》中极度渲染了南宋帝王游幸湖山、与民同乐的情形。此时，湖面就像一个公共舞台，百姓可自由游玩、欣赏文艺节目、开展物品交易，"御大龙舟""大舫"以及各式"画楫轻舫""轻桡"穿梭于湖面之上，形成一幅平等共乐的繁华景象：

淳熙间，寿皇以天下养，每奉德寿三殿，游幸湖山，御大龙舟。

[1]　周密：《武林旧事》，浙江古籍出版社，2011年，第49页。
[2]　田汝成：《西湖游览志余》卷二十，上海古籍出版社，1998年，第293页。
[3]　周密：《武林旧事》，浙江古籍出版社，2011年，第49页。

宰执从官……各乘大舫，无虑数百。时承平日久，乐与民同，凡游观买卖，皆无所禁。画楫轻舫，旁午如织。至于果蔬、羹酒……谓之"湖中土宜"。又有珠翠冠梳、销金彩缎、犀钿、髹漆、织藤、窑器、玩具等物，无不罗列。如先贤堂、三贤堂、四圣观等处最盛。或有以轻桡趁逐求售者。歌妓舞鬟，严妆自炫，以待招呼者，谓之"水仙子"。至于吹弹，舞拍……不可指数，总谓之"赶趁人"，盖耳目不暇给焉。[1]

寒食节西湖"竞渡争标"成为公众娱乐的方式之一，吸引诸多百姓前往：

都城自过收灯，贵游巨室，皆争先出郊，谓之"探春"，至禁烟为最盛。龙舟十余，彩旗叠鼓，交午曼衍，粲如织锦。内有曾经宣唤者，则锦衣花帽，以自别于众。京尹为立赏格，竞渡争标。内珰贵客，赏犒无算。都人士女，两堤骈集，几于无置足地。水面画楫，栉比如鱼鳞，亦无行舟之路，歌欢箫鼓之声，振动远近，其盛可以想见。[2]

由此可见，西湖已成为了一个兼具公共节日游赏与百姓日常生活功能的空间场所。

由于公共游赏活动频繁，南宋时期的西湖已发展成"四时朝暮，阴晴雪月，无所不宜"[3]的风景旅游胜地。其可供游览的处所，据《武林旧事》记载，有南山路一线、白苏二堤一线、孤山路一线、北山路一线、葛岭路一线、北新路一线、小石板巷一线、石狮子路一线、西溪路一线，几乎涵

[1] 周密：《武林旧事》，浙江古籍出版社，2011年，第47页。
[2] 周密：《武林旧事》，浙江古籍出版社，2011年，第49页。
[3] 周密：《武林旧事》，浙江古籍出版社，2011年，第49页。

盖了西湖周边所有景观。

各个景点不仅自然风光秀丽，更有风格各异的众多花园、寺院，让人流连忘返。当然，从权属上来说，大多数花园属于皇家和权贵所有，而这些空间往往是半开放性，只有部分可供平民自由进出游玩，有些只在特殊节日才向游人开放，但寺院则是一直开放的。

晚明时期的公共游赏活动与前代相比表现为主体游赏的自觉性。高濂在《四时幽赏录》（见表 4-1）中指出，其游赏的目的为获得"真趣"："余雅尚幽赏，幽境幽趣供人赏玩者，亦复何限？……若能高朗其怀，旷达其意，超尘脱俗，别具天眼，揽景会心，便得真趣。"[1] 晚明时期，对袁宏道、张岱等文人而言，旅游已经不仅仅是休闲性质的游山玩水，而且是一项集自然美、艺术美与社会生活美为一体的综合性审美活动。[2] 这一时期，普通民众在公共游赏活动中更倾向于公共性更强的空间场所，文人雅士则更倾向于静观万物，如张岱的《湖心亭看雪》就表现了其不同凡常的审美趣味。

清代，随着西湖整治取得重大成效，西湖的游览价值日趋彰显、游览层次不断提升，西湖周边还逐渐形成了孤山路线、南山路线、北山路线、吴山路线和西溪路线等五条游赏路线，以供行人选择、探索、流连，其中寺庙、祠宇、书院等大空间，山亭、路亭等小景点构成了雅俗共赏、老少皆宜的公共游赏体系。[3]

游赏西湖可分水路和陆路两种路径。水路经过西湖湖体，舟行碧波上，所见之景观意象，可让人体验到视觉和精神的开阔。近水楼台和山体崖石成为游客重要的审美坐标。而陆路主要由堤岸组成，因其特殊的空间结构

---

[1]　高濂：《四时幽赏录》，王国平：《西湖文献集成》第 3 册，杭州出版社，2004 年，第 1106 页。

[2]　李娜：《〈湖山胜概〉与晚明文人艺术趣味研究》，中国美术学院出版社，2013 年，第 8 页。

[3]　洪泉、唐慧超等：《清前期浙江总督李卫的杭州西湖治理与公共游赏体系建设》，《中国园林》2020 年第 9 期，第 139-144 页。

表 4-1　高濂《四时幽赏录》48 事 [1]

季节	幽赏活动	景观或活动类型	地点	季节	幽赏活动	景观或活动类型	地点
春	孤山月下看梅花	植物景观	孤山	秋	西泠桥畔醉红树	植物景观	西泠桥
	八卦田看菜花	植物景观	八卦田		宝石山下看塔灯	城市景观	宝石山下
	虎跑泉试新茶	饮食活动	虎跑泉		满家弄赏桂花	植物景观	满家弄
	保叔（俶）塔看晓山	山水景观	保叔塔		三塔基听落雁	动物景观	西湖三塔基
	西溪楼啖煨笋	饮食活动	西溪		胜（圣）果寺月岩望月	天象景观	凤凰山圣果寺月岩
	登东城望桑麦	乡村景观	杭州东城墙		水乐洞雨后听泉	山水景观	烟霞岭水乐洞
	三塔基看春草	植物景观	西湖三塔基		资严山下看石笋	山水景观	灵隐资严山
	初阳台望春树	植物景观	初阳台		北高峰顶观海云	天象景观	北高峰
	山满楼观柳	植物景观	山满楼		策杖林园访菊	植物景观	私家宅园
	苏堤看桃花	植物景观	苏堤		乘舟风雨听芦	植物景观	山王江泾百脚村
	西泠桥玩落花	植物景观	西泠桥		保叔（俶）塔顶观海日	天象景观	保俶塔
	天然阁上听雨	天象景观	天然阁		六和塔夜玩风潮	水文景观	六和塔

[1] 参见洪泉、唐慧超：《基于〈四时幽赏录〉的晚明文人西湖游赏心态与行为探析》，《北京林业大学学报（社会科学版）》2017年第2期，第14-20页。

续表

季节	幽赏活动	景观或活动类型	地点	季节	幽赏活动	景观或活动类型	地点
夏	苏堤看新绿	植物景观	苏堤	冬	湖冻初晴远泛	生活体验	西湖
	东郊玩蚕山	乡村景观	杭城东郊		雪霁策蹇寻梅	植物景观	梅林
	三生石谈月	社交访友	灵隐三生石		三茅山顶望江天雪霁	天象景观	三茅山
	飞来洞避暑	生活体验	飞来洞		西溪道中玩雪	生活体验	西溪
	压堤桥夜宿	生活体验	苏堤压堤桥		山头玩赏茗花	植物景观	茶园
	湖心亭采莼	饮食活动	湖心亭		登眺天目绝顶	山水景观	天目山
	湖晴观水面流虹	天象景观	西湖		山居听人说书	生活体验	山居
	山晚听轻雷断雨	天象景观	山满楼		扫雪烹茶玩画	文人自娱	书房
	乘露剖莲雪藕	饮食活动	岳王祠旁		雪夜煨芋谈禅	社交访友	寺院
	空亭坐月鸣琴	文人自娱	山亭		山窗听雪敲竹	植物景观	窗外有竹的建筑
	观湖上风雨欲来	天象景观	西湖		除夕登吴山看松盆	城市景观	吴山
	步山径野花幽鸟	山水景观	山林		雪后镇海楼观晚炊	城市景观	镇海楼

特性，在环湖行走时，西湖总是"如人之眉眼"位于中央位置，注视着游者，与游人形成一种意象性的对话。值得一提的是，面对西湖，每个游人的心绪起伏、凝神观照不一，所获得的山水感悟也各不相同。

第三节　香市与庙会

寺院不仅是举行宗教活动的场所，也是民众公共活动的中心，他们参与宗教活动，观看文娱表演，同时也游览寺观园林。[1]中国古代社会缺乏公共游憩空间，而庙宇前庭可设戏台，可举办庙会或节庆等公共活动，因此也成为城市居民休闲、交往、交流最重要的场所。由于西湖与城市之间距离适中，其周遭的佛寺园林又带有城市公共园林的特质，故而长期以来都是民众游憩与举办民俗活动的第一场所。

每当佛教圣日，各寺庙都会举行集会仪式，比如每年四月初八的浴佛节，圣因寺、净慈寺、灵隐寺、昭庆寺等寺庙均会举办大型祈福放生法会。

但是，随着佛教的世俗化，宗教活动往往带有民俗意味，而其受众也不限于善男信女。此外，信众的佛事活动常与其他活动结合。比如，民众到西湖参加浴佛节，除了放生活动之外，也会顺带游览西湖。

庙会是佛事世俗化的一种有效形式。在庙会活动中，信众的身份是双重的，在礼佛时，其为信徒；而离开寺庙空间场域，他们又还原为俗世身份。城内的寺庙以及靠近城市的寺庙，是举办庙会的主要场所，具有城市文化容器的功能。在庙会基础上，围绕寺庙周边形成了以集市形态为主的庙市，这是重要的带有公共交往性质的公共空间。

---

[1]　马娜：《从〈洛阳伽蓝记〉论北魏洛阳城市佛寺园林》，《华中建筑》2006 年第 11 期，第 172-173 页，第 182 页。

在佛教传入初期寺庙园林就以其"广开方便之门，普度众生"的善举，承担了公共空间的使命。早期佛教寺院，往往是主要的上演百戏的场所。《洛阳伽蓝纪》便记载，四月四日，长秋寺常举行佛像游行活动，并有杂技百戏，"奇伎异服，冠于都市。像停之处，观者如堵"。宋代把游艺场所称为"瓦舍"，其主要功能为演出和娱乐。而"瓦舍"原意便是僧房、寺院。

顾颉刚曾说庙会是"流动的社会"，他将中国古代的庙会分为朝山进香和迎神赛会两种类型。[1] 西湖香市就属于朝山进香的类型。西湖香市有着悠久的历史，自宋代到清代，它随着世俗生活的发展而逐渐兴盛。西湖香市活动的时间也相对较长，开始于花朝节，结束于端午节，其中天竺三寺每年春季香客云集成市，游人众多，极为繁华。据清雍正《西湖志》记载："由下竺而进，夹道溪流有声，所在多山桥野店。方春时，乡民扶老携幼，焚香顶礼大士以祝丰年。香车宝马络绎于道，更有自远方负担而至者，名曰香客。"[2]

张岱在《西湖香市》中也描述了香市繁华：

> 西湖香市，起于花朝，尽于端午。山东进香普陀者日至，嘉湖进香天竺者日至，至则与湖之人市焉，故曰香市。
>
> 然进香之人市于三天竺，市于岳王坟，市于湖心亭，市于陆宣公祠，无不市，而独凑集于昭庆寺。昭庆两廊故无日不市者，三代八朝之古董，蛮夷闽貊之珍异，皆集焉。至香市，则殿中甬道上下、池左右、山门内外，有屋则摊，无屋则厂，厂外又棚，棚外又摊，节节寸寸。凡胭脂簪珥、牙尺剪刀，以至经典木鱼、孩儿嬉具之类，无不集。

---

[1]　顾颉刚：《顾颉刚民俗学论集》，钱小柏编，上海文艺出版社，1998年，第414页。

[2]　傅王露等：《西湖志》，成文出版社，1983年，第390页。

此时春暖，桃柳明媚，鼓吹清和，岸无留船，寓无留客，肆无留酿。袁石公所谓"山色如娥，花光如颊，温风如酒，波纹如绫"，已画出西湖三月，而此以香客杂来，光景又别。士女闲都，不胜其村妆野妇之乔画；芳兰香泽，不胜其合香芫荽之薰蒸；丝竹管弦，不胜其摇鼓欳笙之聒帐；鼎彝光怪，不胜其泥人竹马之行情；宋元名画，不胜其湖景佛图之纸贵。如逃如逐，如奔如追，撩扑不开，牵挽不住。数百十万男男女女，老老少少，日簇拥于寺之前后左右者，凡四阅月方罢。恐大江以东，断无此二地矣。[1]

明清以来，杭州进香活动繁盛，一方面是因为帝王推崇，支持寺庙经济发展；另一方面，平民百姓也有礼佛求愿的现实需求。此时士人游赏进入自觉化阶段，更追求游赏过程的新奇体验。随着商品经济的繁荣，香市这一非固定的且半宗教半世俗化的活动场所，更加凸显出其公共空间的特性。

一方面，从空间上说，香市是基于香道上的节点而形成的，这些节点带有公共属性，其中不少与传统游赏节点重叠，这就为其公共性的获得提供了条件。外地人来杭州除了礼佛外，还因为向往西湖美景和城市繁华。清康熙《杭州府志》中描述了香市之盛："自北新关至松木场，舟车衔接，昭庆以至天竺，摆列器物玩好等物，俱成市肆。"[2]

另一方面，从时间上看，每年二月初至五月初是农闲时期，农民群体有结伴礼佛游玩的时间。上天竺观音道场的形成与祈求蚕稻丰收有关，农民十分笃信。他们的进香活动往往在年初即由香头组织："于元旦日发帖

---

[1] 张岱：《陶庵梦忆·西湖梦寻》，马兴荣点校，中华书局，2007年，第133页。
[2] 王国平：《正史及全国地理志等中的西湖史料专辑》，《西湖文献集成》第1册，杭州出版社，2004年，第533页。

邀人，至二三月间成群结党，男女混杂，雇坐船只，出门烧香。"[1] 而士族游览时间就较为随意，如成化四年（1468）秋后，杨守陈进香天竺寺所记直接将进香称作"游佛"[2]，更能说明代士人进香之悠闲。

西湖周边的寺庙园林发展，一方面为佛教文化的弘扬创造条件，另一方面也为城市经济社会发展注入新的活力。到明清时期，来自江南各地的宗教信徒，带动了地方消费，促进了城市手工业生产的兴盛和商品经济的繁荣兴旺。寺庙湖山胜景的文化价值、经济价值和影响力得到彰显，"换句话说，杭州具有'人间天堂'的形象，部分原因是杭州在江南群众宗教信仰上所具有的重要地位"[3]。

另外，值得注意的是，香市中妇女群体数量庞大。女性信众是进香礼佛和游赏活动的主要参与者。每年开春后，苏州城乡的妇女开始有组织地乘船到杭州进香礼佛，前后逗留时间一周到个把月不等。与其说她们是以进香为目的，不如说更多是为了春游杭州。民国时期，杭州逐步向旅游城市发展，进香的人群也在悄然发生变化，杭州逐渐成了上海有闲阶层的后花园，而烧香则越来越与旅游结合在了一起。[4]

---

[1]　范祖述：《杭俗遗风》，上海文艺出版社，1989年，第24页。

[2]　管庭芬等：《天竺山志》（下），杭州出版社，2007年，第298页。

[3]　汪利平、朱余刚、侯勤梅：《杭州旅游业和城市空间变迁（1911—1927）》，《史林》2005年第5期，第97-106页。

[4]　王健：《明清以来杭州进香史初探——以上天竺为中心》《史林》2012年第4期，第89-97页。

第五章　西湖治理主体

西湖之所以闻名天下，除了其得天独厚的自然环境之外，最重要的是历代的人为治理。拥有较高道德修养的地方循吏是西湖治理的主导者，他们深受民本思想影响，在施政治水的过程中，以民为本，勤政为民，关心民生，听取民意，所采取的措施体现了其爱民、养民、富民的理念。这一思想促进了阶层间的沟通与交流，在"利民""化民"的同时，也使民间文化能够自下而上地渗透，并且以"共建""共享"的方式实现自上而下的思想贯彻。在这一过程中，西湖的公共性也得到了充分体现和诠释。

第一节　治水治景并重

列斐伏尔的空间生产理论认为，社会形态的变化必定带来空间性质的变化。社会形态创造并影响了公共空间的塑性，反过来公共空间体现着社会关系的表达。历史上几乎每一次大规模的浚治西湖，都带动了公共园林的发展。

西湖聚环湖"南北诸山之水，汇七十二泉之源"，"春暖则葛草蔓合，雨骤则沙石冲击"[1]，非常容易受气候影响而淤塞。西湖治理是一项复杂的水利工程，需要动用大量的人力、物力、财力，而且往往涉及多方利益，

---

[1]　魏源：《魏源全集》第 19 册，岳麓书社，2004 年，第 483-485 页。

面临很大阻力，"非有廉毅之才，豁达之度者，不能举也"[1]。

《梦粱录》记载，唐代白居易，宋代苏轼、汤鹏举、周淙、赵与、潜说友等一批地方循吏都曾主导疏浚西湖，美化景观。西湖作为公共之地，治理工程非一人一代可以完成，而是历代主政者和贤达人士共同维护的结果。在他们看来，西湖属于公共领域，任何人都不应私占。"内臣陈敏贤、刘公正包占水池，盖造屋宇"[2]，便遭弹劾，被降官职。

事实上，在古代疏浚西湖对于主政官员而言是一件吃力不讨好的事，治理过程繁重复杂自不必说，还往往有丢官罢职之危险。北宋苏轼疏浚西湖时，"子瞻既疏利害于朝，后具申三省，筹画明恶，无可摘索"[3]。虽然苏轼上奏朝廷分析了利害关系，审批程序也规范合理，但是，御史贾易还是弹劾他"科骚部内，以事游逐"[4]。虽然这次弹劾未被采纳，但宰臣仍两次请求罢免他的官职。到了明朝时期，杨孟瑛因清理被圈占的西湖田地而"为豪右所忌"，最终被罢了官。

那么，主政官员为何还要治理西湖呢？因为治水事关民生大事，同时也是作为循吏应尽的职责。唐朝律法规定刺史有"劝课农桑""务知百姓之苦"之责。作为地理学意义上开放性空间的西湖，其权属并不归于个人，而是归于朝廷。因此，对其进行治理和开展景观建设是官员代表政府施政的公共行为。换言之，西湖公共性营建的主导者和引领者乃是地方循吏。

白居易来到杭州时，发现杭州春多雨，秋多旱，容易遭遇水患，因而水利建设尤为重要。在任期间，他兴筑西湖大堤、增加西湖的蓄水量利于灌溉、防止盗泄湖水，配套完成杭城的饮水工程，后人因此时常念之（见图5-1）。治理西湖是白居易一生都觉得最快慰的功绩，直到他暮年时

---

[1] 田汝成：《委巷丛谈》，上海古籍出版社，1998年，第4页。

[2] 吴自牧：《梦粱录》，浙江人民出版社，1980年，第102页。

[3] 厉鹗：《樊榭山房集》，戴健、曹明升点校，浙江古籍出版社，2019年，第343页。

[4] 田汝成：《委巷丛谈》，上海古籍出版社，1998年，第6页。

图5-1　白堤政绩（《西湖佳话》）

期（841）仍作诗念及此事。

《寄题余杭郡楼兼呈裴使君》

官历二十政，宦游三十秋。

江山与风月，最忆是杭州。

北郭沙堤尾，西湖石岸头。

绿觞春送客，红烛夜回舟。

不敢言遗爱，空知念旧游。

凭君吟此句，题向望涛楼。[1]

---

[1]　白居易:《白居易全集》，丁如明、聂世美校点，上海古籍出版社，1999年，第567页。

元祐四年（1089）苏轼第二次来杭州，任知州之职，见西湖淤塞衰微，向朝廷呈报《杭州乞度牒开西湖状》的奏文，分别阐明了西湖不可废的五条理由，将西湖的存废与杭州城市的发展紧密地联系起来，最终获准进行疏浚。这次疏浚工程不仅规模空前，而且较为自觉地开始了西湖景观设计与建设，"苏堤春晓""三潭印月"均在此时成景。同时，他以瓦筒取代竹管改造六井和沈公井，使西湖水流遍及全城，保障了数十万百姓的生活饮水。

南宋驻跸杭州后，官方先后进行大规模疏浚，除了水利建设外，还增加公共游赏景观建设。当然，由于南宋时期杭州为都城，人口骤然增长，保障城市用水需求也是朝廷关注的重点。近年来发现的《西湖清趣图》，描绘了南宋时西湖的图景，仅仅临湖一侧，便有多处四周围起，提供居民生活用水的水口（见图5-2）。

明武宗正德三年（1508），杭州知府杨孟瑛看到西湖湖底朝天，里湖淤浅，湖中葑草丛生，特别是六桥以西基本已经沦为池田桑埂，游客稀少。针对西湖公共田地被地方豪民侵占的情状，他力排众议，上表朝廷，提出疏浚西湖的主张。

在《开湖条议五点》中，杨孟瑛从风水、安全、民生、经济、农业五个方面提出保护西湖利于民众的理由：

　　……若西湖占塞，则形胜破损，生殖不繁。杭城东北二隅，皆凿壕堑，南倚山岭，独城西一隅，濒湖为势，殆天堑也。是以涌金门不设月城，实倚外险。若西湖占塞，则塍径绵连，容奸资寇，折卫御侮之便何藉焉？唐、宋已来，城中之井，皆藉湖水充之。今甘井甚多，固不全仰六井、南井也，然实湖水为之本源，阴相输灌。若西湖占塞，水脉不通，则一城将复卤饮矣。况前贤兴利以便民，而臣等不

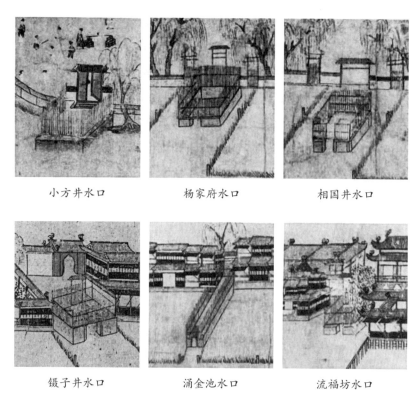

小方井水口　　　　　杨家府水口　　　　　相国井水口

锯子井水口　　　　　涌金池水口　　　　　流福坊水口

图5-2　《西湖清趣图》中的水口

能篡已成之业，非为政之体也……而城中诸河，专用湖水，为一郡官民之利。若西湖占塞，则运河枯涩，所谓南柴北米，官商往来，上下阻滞，而闾阎贸易，苦于担负之劳，生计亦窘矣。杭城西南，山多田少，谷米蔬荬之需，全赖东北。其上塘濒河田地，自仁和至海宁，何止千顷，皆藉湖水以救亢旱。若西湖占塞，则上塘之民，缓急无所仰赖矣。[1]

---

[1]　田汝成：《西湖游览志》，尹晓宁点校，上海古籍出版社，2017年，第5页。

在杨孟瑛眼中，治理西湖事关百姓生产生活和城市长远发展。因此，即便杨孟瑛知道拆毁葑田势必得罪豪强，依然铁腕推进，如《巡按车公奏复西湖状》说："如有权豪不服，恃势霸占，或扇摇浮议，故行阻碍，致误事机，悉听臣等究问如律，从重处治。"[1] 这次大规模的疏浚工程，拆毁葑田"三十四顷八十一亩三厘二丝"，疏浚全湖，"西湖始复唐、宋之旧"[2]。挖出来的湖泥不仅将苏堤填高、拓宽，恢复昔日"六桥烟柳"的旧景，而且在"三潭印月"之外，又修建振鹭亭（即今湖心亭），与"三潭印月"相互映衬。而且，为方便百姓出行，从栖霞岭起绕丁家山直至南山另筑一堤，后人称为"杨公堤"。

显然，杨孟瑛始终怀有执政为民、建功立业的政治抱负。诚如后人评论："固不欲煦煦以市恩，亦不当屑屑以置辩。偶缘多口，聊吐一言。重惟古人，专修实德。若非任怨，奚以立功。"[3]

到清代李卫初任浙江巡抚时，西湖已大不如前，"淤泥菰葑，充塞弥漫，问所为六桥、两堤及其他古迹，则倾圮相望，甚至莫能指目其处"[4]。西湖不仅面积缩小，而且侵占现象严重。淤泥阻塞水道，水生植物丛生，遮挡湖面。雍正三年（1725），李卫在皇帝的支持和国家兴修水利的背景下，组织了大规模的西湖疏浚工程，三年后工程告竣。[5] 这次整治除了清除淤泥、加固堤岸、修整水利设施以外，还修复了大量寺庙祠宇，修缮与新建了一批风景游赏地，并形成了一套以"西湖十八景"为核心的新西湖公共游赏体系，推动了西湖公共园林的再度兴盛。西湖公共游赏地建设表现出极力恢复往日名胜，积极开发新的游赏地，注重景点之间的联系，完善公共游

[1]　王国平：《西湖文献集成》第3册，杭州出版社，2004年，第820页。
[2]　王国平：《西湖文献集成》第3册，杭州出版社，2004年，第820页。
[3]　王国平：《西湖文献集成》第3册，杭州出版社，2004年，第831页。
[4]　李卫：《西湖志序》，《西湖文献集成》第4册，杭州出版社，2004年，第2-3页。
[5]　沈德潜：《西湖志纂》，《西湖文献集成》第7册，杭州出版社，2004年，第1页。

赏体系，以及建立长效管理机制等特点。[1]

李卫认识到西湖最大的价值，不在于山水景观而是湖城相邻的空间关系，而在于西湖与市民生活息息相关。因此与前朝治理不同，这次除了治理水系之外，还大力开展了景观修复和文化编纂工程，增强了西湖服务百姓公共游览的功能。

到民国时期，担任杭州三任市长的周象贤[2]主持了现代市政发展背景下的西湖治理和建设。他重新整理西湖名胜，开辟现代公园以吸引游客，繁荣市面。这一时期，作为城市公共旅游空间的西湖对城市经济发展的重要性被前所未有地重视起来。主政者在杭州工业经济未能振兴的情况下，确立了效仿瑞士"欲藉天赋艳丽之湖山，吸引游客，振兴市场"[3]的发展模式。在市政建设方面，除了道路桥梁是刻不容缓的工程外，市政建设部门的中心工作"莫不以布置风景，造成庄严灿烂之杭州市为主旨"[4]。

西湖治理事关百姓民生，也是保障城市长治久安发展的重要物质基础。从西湖治理史来看，主政者并未将疏浚西湖当作纯粹的水利工程，而是赋予其政治、经济、文化、民生等多重功能。地方主政者明白治理西湖对于城市发展和百姓生活的重要意义，清醒地认识到这种造福百姓民生的工程应世代延续下去。例如西湖疏浚完成后，苏轼在《谢吴山水神五龙三庙祝文》中就说"嗣事告终，来哲所缮"[5]，希望后来人能继续保持对西湖的

---

[1]　洪泉、唐慧超等：《清前期浙江总督李卫的杭州西湖治理与公共游赏体系建设》，《中国园林》2020年第9期，第139-144页。

[2]　周象贤，分别于1928年11月至1930年8月、1934年8月至1937年12月、1945年9月至1948年8月期间，担任杭州市市长。参见张晰：《民国时期三任杭州市长的周象贤》，《浙江档案》2007年第10期，第36-37页。

[3]　汤洪庆：《杭州城市早期现代化研究（1896—1927）》，浙江大学博士学位论文，2009年。

[4]　汤洪庆：《杭州城市早期现代化研究（1896—1927）》，浙江大学博士学位论文，2009年。

[5]　苏轼：《苏轼文集·谢吴山水神五龙三庙祝文》，孔凡礼点校，中华书局，1986年，第1923页。

修缮和治理。

治水自然是地方政府的职责所在，那么官员为何热衷造景呢？首先，"明人伦，兴教化"，社会教化是官府对民众实施管理的一项重要措施。古代官僚、文人积极参与规划、建造公共性园林，把开辟公共园林视为其政绩功德，将公共性园林作为教化子民、管理城市的重要一环。这对提高市民生活品质、引导城市生活风尚、促进城市文化和市民交流起到了推动作用。[1]

其次，园林景观建设是"与民同乐"的政治理想的体现，"山与水相接，民与守相忘"，通过对城市近郊的风景园林的打造，形成了向公众开放、服务全民的山水公共空间，真正实现"与民同乐"。地方官员在风景名胜地的风景建设不仅满足其个人游乐的需要，也是政通人和、治绩斐然和"智""仁"之德的一种表现。[2]

最后，官方鼓励和推动大众游赏活动，通过让民众游览西湖公共园林来调和社会矛盾，并通过社会文化力量不断汇聚民族共识。[3]西湖作为开放式的公园（公共园林），面向的群体是社会民众，将这里作为教化子民的场景，对于提高民众素质、促进城市文化发展有积极正面的作用。

实际上，无论是帝王还是循吏都十分重视园林景观教化民众的功能。西湖风景建设具有明显的实用功效取向，而不是为了纯粹自由的审美活动。因此，与儒家教化相关的公共景观受到历代重视，成为"兴教化"的实践场所。城市文化景观特别是具有纪念性意义的园林建设得到有效普及。

从现存历史遗迹来看，西湖具有"景面文心""以文成化"特色的教

---

[1]　罗华莉：《中国古代公共性园林的历史探析》，《北京林业大学学报（社会科学版）》2015 年第 2 期，第 8-12 页。

[2]　潘谷西：《中国建筑史》第 6 版，中国建筑工业出版社，2009 年，第 217 页。

[3]　毛华松：《礼乐的风景：城市文明演变下的宋代公共园林》，中国建筑工业出版社，2016 年，第 58 页。

化景观文脉均得到了较好的延续。比如苏堤，虽由北宋苏轼所建，但是在明清两代的西湖大治理中都得到了强化。明代杨孟瑛时期，"苏堤春晓"景观几近湮灭，里湖都被豪民侵占，通过六桥的水流极小。为此，杨孟瑛重新修整苏堤，加宽堤面，筑高长堤，"使之恢复旧观"[1]。对苏轼设置的"三潭印月"佛塔也进行了复原和扩建，在原来三潭的四周筑起了一道圆形的堤埂，形成了"湖中之湖"的绝妙景观。清李卫在治理西湖之时，按照"宸游之宫、天章之亭，阙者补、圮者修"[2]的原则，修葺湖心亭后，增建了敞堂、水轩等建筑。此外，在葛岭的岳庙、孤山的林逋墓、苏堤的三贤祠等贤士纪念祠堂中，园林景观同样精心排布，既是景观极佳的游赏之地，也是儒家教化的重要公共场所。

第二节　官民多元共治

西湖作为公共的敞开空间，除了帝王、官吏之外，士、农、工、商等各个阶层的民众也不同程度参与了"西湖梦"的构建。基于这样的历史语境，在多方共议、共同参与的情形下，西湖逐渐演变为多元共治的公共场域，为所有参与者提供了"他我""共我"的转化路径。从古代官绅共治到现代的社会复合主体治理，各主体基于对西湖公共性文化功能的自觉认识，形成了广泛的价值认同。

虽然历代官员都重视西湖疏浚，但长久以来，西湖疏浚却陷入了一个"废—治—废"的怪圈。由于泥沙淤积速度较快，如不定期及时浚治则易淤塞、水草丛生，所以治理西湖并非一劳永逸。诚如上文所言，西湖治理

---

[1]　田汝成：《西湖游览志余》，浙江人民出版社，1980年，第2页。

[2]　李卫、傅王露等：《西湖志》，《西湖文献集成》第4册，杭州出版社，2004年，第122页。

是极为庞杂的系统工程，因而除发挥主导作用的官员之外，禅林高僧、贤达人士、商人、普通民众都不同程度地参与到西湖水系治理和公共景观建设之中。

　　长期以来，浚治西湖都是杭州地方官员应尽的职责。疏浚工程须在都御史、巡抚、郡守等地方官的督导下进行，通常为"官支官办"。事实上，在漫长的西湖治理史中，主政的地方官员固然重要，而实际参与建设的民众的力量也不可小觑。甚至可以说，如此庞大的系统工程没有民间支持是难以完成的，官民之间是一种互动合作关系。

　　唐长庆二年（822）白居易出任杭州刺史时，将治理西湖、美化景观作为公共治理的手段，吸引民间力量参与其中。钱镠为治理西湖专门从民间招募撩湖兵，他们的任务是负责西湖等水道的修治和疏浚："以钱塘湖（西湖）葑草蔓合，置撩兵千人，芟草浚泉。"[1] 宋元祐四年（1089）苏轼出任杭州太守时，为防止湖中水草滋生，他将沿岸部分田地开垦出来租给农户种植菱角，农户同时负责清理水草，租赁所得税收又可用于西湖后续的养护，一举多得。在修筑苏堤时，周边农民听说西湖上筑堤的消息，都自愿出工出力。堤坝建好之后，苏轼又让民众在长堤两边种上桃树和柳树，既可保护堤岸，又可美化环境，形成了桃红柳绿的独特景观。

　　南宋定都杭州后，"衣冠毕会，商贾云集"，历任知府都把浚治西湖作为重要的政绩来抓。绍兴九年（1139），知临安府张澄经奏请朝廷，"招置厢军兵士二百人，委钱塘县尉兼领其事，专一浚湖"[2]。到了绍兴十九年（1149），这些厢军仅留 40 余人，西湖再度秽浊湮塞。郡守汤鹏举又招募 200 名民工，对西湖进行开撩疏浚，并且专门差武臣一员检测西湖水体，及时报告变化情况，以免淤塞。

---

[1]　吴任臣：《十国春秋》卷七八，徐敏霞、周莹点校，中华书局，1983 年，第 1101 页。

[2]　脱脱：《宋史》，中华书局编辑部点校，中华书局，1985 年，第 2398 页。

明代正德年间，杨孟瑛动用民夫 8000 人，开始大规模疏浚西湖。根据《西湖游览志余》记载，疏浚所挖的淤泥和葑草，送到钱塘门外昭庆寺附近以及孤山等处的空地堆放，百姓可随意取去肥田，有余部分才用于修补苏堤。

清代雍正时期，李卫主持的西湖疏浚工程规模较大，除政府部门外，民间力量的参与也发挥了积极作用。地主、佃户出钱出力。在治理过程中，民众又提出了养鱼啮草之法，甚至官办经费因置办田产而不足再购买鱼苗时，渔户自发出资补足购置费用。如此，官民之间形成了良性的互动关系。

另外，特殊群体对于西湖治理的贡献也不应被忽视，如宦官孙隆就对西湖治理作出了巨大贡献。张岱在《西湖梦寻》中评价，"此公（孙隆）大是西湖功德主"，"余谓白、苏二公，西湖开山古佛，此公（孙隆）异日伽蓝也"[1]。孙隆不但修缮美化了十锦塘和湖心亭，还出资修建了涌金门外的问水亭、一片云后的片云亭、岳坟及岳坟铁像、烟霞寺等，还捐资修建水利工程。张岱对比苏堤的冷清和孙堤的热闹，不禁感慨：

> 十锦塘一名孙堤，在断桥下。司礼太监孙隆于万历十七年修筑。堤阔二丈，遍植桃柳，一如苏堤。……苏堤离城远，为清波孔道，行旅甚稀。孙堤直达西泠，车马游人，往来如织。兼以西湖光艳，十里荷香，如入山阴道上，使人应接不暇。湖船小者，可入里湖；大者缘堤倚徙，由锦带桥循至望湖亭，亭在十锦塘之尽。渐近孤山，湖面宽广。孙东瀛修葺华丽，增筑露台，可风可月，兼可肆筵设席。笙歌剧戏，无日无之。[2]

另据《西湖手镜》记载，为纪念孙隆为西湖所做的贡献，士人、民众

---

[1]　张岱：《陶庵梦忆·西湖梦寻》，马兴荣点校，中华书局，2007 年，第 162 页。

[2]　张岱：《陶庵梦忆·西湖梦寻》，马兴荣点校，中华书局，2007 年，第 161-162 页。

专门为其修建了一座孙公祠。

"委让制"与士绅治湖

帝王与循吏自然是代表官方，那么民间力量是如何参与西湖公共治理与景观共建的呢？士绅阶层作为重要的民间力量积极参与西湖治理各项事务，形成了一套公务委让的治理模式。这种官民互动合作的治理机制从明清时期延续到民国，并一直演化到当代，成为公民积极参与公共治理的独特范式。

明清时期，随着里甲制的式微，出现了地方政府与地方士绅合作的"地方公务委让制"。地方公务的委让内容主要包括道路桥梁、公共救济、教育普及、公共卫生、水利事业等方面。由于人力、物力、财力所限，地方政府将这些本属于政府承担的公共职能"委让"给地方的士绅及社会组织。[1]

地方士绅群体主要包括现职、退休或被罢黜的官员，以及文武进士、举人、贡生等具有一定功名的贤达人士。随着明清商品经济的发展，士绅往往又结合了商人身份，成为绅商。绅商是晚清绅士阶层的重要群体，兼具"士""商"双重文化性格，而且可以上达官府、下达工商，是社会政治经济运行中最活跃且有效的力量，对维护社会稳定，搭建官民沟通桥梁发挥着重要作用。

道光九年（1829），以钱杕、魏成宪为代表的士绅向朝廷递交了《岁浚西湖章程十二条》，陈述了西湖每年浚治的必要性和可行性，对经费来源、使用明细、浚湖时间、工作程序以及淤泥如何处置等都做了非常详细的说明。时任浙江巡抚刘彬士肯定了这份规划书，并批复成立了非官方的

---

[1]　孔斐力：《地方政府的发展》，载费正清、费维恺主编，《剑桥中华民国史：1912—1949 年》（下卷），中国社会科学出版社，1994 年，第 384 页。

自治组织——岁浚局。岁浚局建立后，"公举贤能诚实者三四人董理其事"，通过引入贤达能人担任董事解决了治理主体的问题，以政府留存的 4 万两商捐银为本金，存在四家商行的利息保障了其充足的治理经费，从而维持了自道光九年（1829）至道光二十三年（1843）长达 14 年的西湖治理工程的开销。每年年初董事会在"西湖苏白二公祠会集绅宦，查核统年收支账目"[1]，确保日常疏浚西湖正常运行。财源可得确保、董事胜任化、本地人管理浚湖、事务管理公开透明等 [2] 是这种治理模式的优势，也是西湖持续治理的重要基础。

在民国之前，关于西湖治理的地方委让制主要分为两类：一类是"官督民办"，地方政府虽然将公共治理的职权让渡给民间组织——岁浚局，但实际上设置了代表政府的公共权力监督者，指导和监督社会组织；另一类是"士绅自治"，即以绅士阶层为中心推进西湖浚治，其组织机构浚湖局是依附于杭州善举联合体的自治组织。这两种自治组织的出现改变了西湖治理一直以来由地方行政长官主导的局面。由此，"官支官办"的西湖治理体制，就逐渐转换成为以地方绅商团体为中心，通过"民捐民办"方式进行的民间管理体制。[3]

例如，太平天国战争后，杭州虽恢复了行政建置，但百废待兴，面临大量市政设施毁坏、行政机构人员不足、财政又严重亏空的局面。政府行政能力萎缩，其职能只能限于军事和征收税赋等事项，其他的城市建设、公共事业均需要依靠民间力量的支持。当时主要的公共事业大多委托于杭州善举联合体来承担。杭州善举联合体同时接替政府管理了粮仓、义塾、

---

[1] 佚名：《西湖岁修章程全案》，《西湖文献集成》第 9 册，杭州出版社，2004 年，第 9 页。

[2] 森田明：《清代水利与区域社会》，雷国山译，山东画报出版社，2008 年，第 49 页。

[3] 森田明：《清代水利与区域社会》，雷国山译，山东画报出版社，2008 年，第 40-42 页。

义渡局、浚湖局等机构，其职能关注民生事业，覆盖老弱病残幼等群体。以丁丙为首的董事组织了市政公共建设，"西湖常年设浚湖局"[1]，从同治四年（1865）二月开始启动疏浚，到宣统元年（1909）结束，持续将近44 年。虽然丁丙在 1878 年辞去总董职务，但在这一时期的西湖治理中，毫无疑问，以绅商为主体的民间力量成为了西湖疏浚事务的主导者。

第三节　社会复合主体

"西湖综保"工程是 2001 年开始启动的一项全面系统整治西湖的工程，其目的主要有二：一是保护西湖，延续文脉；二是"还湖于民"，扩大其民生工程的公共效益。"西湖综保"工程是古代治水经验在当代的现代性转化，其核心价值在于政府与民众之间建立的一种共建共享机制。通过创新社会主体结构和社会运行方式，构建社会各群体、各层次之间具有较强互动关系的社会主体和运作机制，调动社会各界共同参与西湖治理，从而形成从"小我"到"共我"的价值认同。

社会复合主体作为杭州地方治理结构的一项创新，在解决西湖综合治理与保护这样复杂的社会性项目和社会性事业中，发挥了重要作用。实际上，复合主体的意义在于强化多元主体参与公共事务。社会复合主体将参与公共事务作为人的一项基本权利，对城市和社会学科产生了深远的影响。

在罗伯特·达尔看来，各种自治组织与社会团体都应充分发挥自治的潜能，在与政府公权的互动与博弈过程中，增强地方公共治理中民众参与的民主性。

社会复合主体参与城市治理的模式在古代"官—吏—民"治理模型中

---

[1]　丁立中：《宜堂类编》卷三，清光绪二十六年（1900）刻本，第 6 页。

就有雏形。一方面，"民本"思想作为儒家学派的重要组成部分，重视民众的作用、关心民生、听取民意、注重民心向背的政治理念[1]，指导着地方官员在地方治理中与民众发生互动；另一方面，民众也会主动参与到地方治理当中。杭州社会复合主体的地方治理创新，可以说承继了我国自古以来的地方政府与士绅合作治理的传统。

在现代语境中，社会复合主体的组成更加多元，不仅仅包含士绅阶层。社会复合主体的城市治理，一方面延续城市自主治理和地方政府"嵌入式"指导[2]的双重特性；另一方面复合主体内部形成了一种总体性文化认同[3]，即以对共同事业的认同、参与、投入而形成认同感。杭州在漫长历史浸淫下的城市特色文化本身就强调主体参与公共领域建设，尤其是对西湖治理的意义共识容易激发"我们感""归属感"和"家园感"的情感共鸣。换言之，与古代官员公共权力让渡不同，现代社会复合主体更强调价值、目标、情感的趋同。在这里，政府不能依靠强势的行政权能、行政命令来解决问题，而是需要采取与社会各界平等协商合作方式，开展共同治理。

现代西湖早已成为城市的历史主脉与市民生活的公共空间。围绕"还湖于民"的政治目标，各类社会群体共同参与其中。西湖综合治理不仅是政府的一项中心工作，更是全体市民的公共议题。

2001年，杭州市委、市政府作出以"保护西湖，申报世遗"为目标开展西湖综合保护工程的重要决策。西湖综保工程是一项复杂的系统工程。虽然自新中国成立以来，西湖风景名胜区的建设获得长足发展，但是生态

---

[1] 柯远扬、兰雪花：《关于中国古代民本思想的几点认识》，《朱子文化》2020年第2期，第8-11页。

[2] 崔晶：《从"地方公务委让"到"地方合作治理"——中国地方政府公共事务治理的逻辑演变》，《华中师范大学学报（人文社会科学版）》2015年第4期，第1-8页。

[3] 陈立旭：《社会复合主体与文化认同》，《中共浙江省委党校学报》2011年第2期，第88-95页。

污染、景观风貌不全、人口过度膨胀、土地侵占严重等问题长期存在。因而，保护环境、传承文脉、提升品质、还湖于民成为社会各界的共识。

由于西湖综保工程涉及面极其广泛，而且需要平衡生产、生活和生态三方面关系，因而仅凭政府主导无法完成如此庞杂的工程项目。社会复合主体在这项复杂的社会公共事业中发挥了重要作用，带动了西湖的生产，恢复了西湖的生态，改善了西湖周边农民以及城市居民的生活品质。

通过"四界联动"[1]，社会复合主体激发政府、企业、社会组织和公民个体的主体力量，以共议、共建和共享三个维度，在全社会形成协商、对话、合作和交流的氛围和机制。"判断"和"行动"是阿伦特的公共性思想中重建公共性的两个重要维度。以西湖为载体，以西湖综保工程为契机，以社会复合主体为主力军，在西湖综保工程的各个环节中，"行动"和"判断"形塑着西湖的公共性，使得作为公共空间的西湖具有了超越物理空间的属性。

共议：自由意见权

"问情于民、问需于民、问计于民、问绩于民"是西湖综保工程推进过程中始终坚持的一项原则。广大市民以参与投票、征求意见等形式参与西湖建设当中。如 2001 年 3 月间，钱王祠重建设计方案在湖畔居茶楼公开展示，2 万多名市民建言献策；2003 年，杭州风波亭的修复就是由一位中学生以写信的形式向杭州市委、市政府建议而促成的；2006 年，在吴山景区整治工程中，吴山整治方案于春节期间在西湖博物馆进行了公示。2007 年，杭州以"和谐西湖、品质杭州"为主题开展了三评"西湖十景"——我最喜爱的西湖新景点评选活动，组委会共收到来信、来电和电子邮件

---

[1]　"四界联动"是指党界、知识界、行业界、媒体界等不同身份的人员共同参与、主动关联、形成合力。

1150 件，社会各界推荐的景名经筛选后达 5572 组。评选活动参与者来自社会不同阶层、不同年龄段、不同地域，年龄最大的 95 岁，最小的才 10 岁，遍及美国和我国的上海、武汉、深圳等海内外城市。[1]

2011 年，在西湖申遗的过程中开展"金点子的征集"，"杭网议事厅"平台上有关"西湖申遗"的主题帖数量过百，网民跟帖留言 2300 余条，点击量突破百万。在"议"的过程中，公民的"四权"即知情权、选择权、参与权、监督权得以体现，培育了社会组织的主体能力，也增强了社会公众的参与意识。[2] 这些活动都是民众集体参与的，属于开放性的公共活动，人人都有参与和发表意见的权利。在这样的情形之下，个人的主体意识在集体中得到体现。在对西湖的观赏、评议活动中，建立起人与人之间的深层交集，同时也更加彰显了西湖景观的全民性。

共建：参与建设权

"共建"主要体现在社会各界发挥各自的职能，在参与西湖综保工程的建设中，复合主体有效地促进了政府、市场、社会三者之间的互动，并带动了社会的成长。社会复合主体以文化作为软实力建设的切入点。党政界先导先行，在西湖综保工程中对自身体制格局的打破，使其更好地成为了工程的助推器。政府通过建立综合协调组织，协调部门和群体利益，确保工程推进。

与此同时，知识界作为社会复合主体中的重要组成部分加入到西湖综保工程建设中。广大专家学者参与课题研讨和方案审查，为西湖综保工程贡献知识的力量。利用市场机制，调动行业界参与西湖综保工程的积极性，

---

[1] 王国平：《城市怎么办》，人民出版社，2013 年。

[2] 胡税根、王敏：《协同治理创新的地方探索——基于杭州实践与经验的研究》，《浙江学刊》2016 年第 5 期，第 202-210 页。

精心开展景区景点、旅游设施、公共服务产品建设。媒体界为西湖综保工程营造出良好的舆论氛围，使得许多工程的推进更为顺利，人民的参与积极性不断提高。在西湖综保工程中，尽管利益主体之间存在利益矛盾与冲突，但因为"还湖于民"的共同目标而形成相互协商、妥协的态度，从而具有了更大的"公共"属性。西湖综保工程中的公共性从观念上得以体现，而同时这种共同感又能给予各参与主体以归属感及价值实现的成就感的激励，公共性在西湖综保工程中发挥作用。

共享：利益享有权

社会复合主体的参与者既是工程建设的先行者，也是西湖景观"共享"的受益者。2002 年，本着"还湖于民"的理念，杭州开始了免费开放西湖的举措。2009 年，随着新太子湾公园开始向游客 24 小时免费开放，西湖真正成为了没有围墙、不收门票、完整开放的西湖。

从经济效益的维度看，2009 年杭州旅游接待国内游客 5093 万人次，比 2002 年增长 178%[1]，直接有益于行业界的发展。从社会效益看，杭州西湖学研究院和西湖学研究会，在世界范围内征集西湖文献，编撰出《西湖通史》《西湖文献集成》《西湖全书》等地方文献，为西湖申遗打下了坚实的基础。2007 年，三评"西湖十景"活动的开展，是西湖综保工程"还湖于民"理念的延伸和发展，从让老百姓评选、让老百姓命名到最终让老百姓享受。西湖申遗成功后，杭州作出"六个不"承诺，即目标不改变、门票不涨价、博物馆不收费、土地不出让、文物不破坏、公共资源不侵占。不同群体在西湖综保工程中寻得了其公共性价值。首先，西湖综保工程本身体现着公共性。在这里，公共性有公共开放性、普遍适用性、多元差异

---

[1]　陈志瑛：《西湖综保："只有逗号、没有句号"》，《杭州（生活品质）》2010年第 9 期，第 32 页。

性、公共利益性等多重含义。西湖综保工程从共议到共建，最终实现共享，都是面向社会多元主体开放的。其次，西湖综保工程建设过程体现着公共性。由上文所述可以发现，"共议""共建""共享"形成的三向互动关系是西湖公共性形成的内在逻辑。对于综保建设方案、景观营造设计的共议，促成"人民的西湖"的共建，由对"人民的西湖"的共建又激起更大范围的共议，共建和共议带来更深层次的共享，而共享从价值层面带来的文化凝聚力、公民的主人翁意识，又使得共议和共建能够更好地执行。

在西湖综保工程的社会复合主体运作系统中，西湖作为公共性实现的一个载体，以公共性议题引导着社会不同群体协作，体现着公共性对公共空间的超越。社会复合主体在西湖综合治理的实践中，不但建构了跨越三大部门的社会资本网络，增强了城市公共性、公益性[1]，且提高了市民的公共责任和公共意识。西湖作为开放的公共领域，为所有参与公共治理的公民提供了成为"他我""共我"的转化路径，同时也确证了其作为个体公民的身份和独立价值。

[1]　张兆曙：《社会复合主体：杭州城市建设中的组织创新》，《长春市委党校学报》2011 年第 4 期，第 31 页、第 72-75 页。

第六章　近现代西湖公共性

在古代，公共园林一般由地方官府出面策划，或为缙绅出资赞助的公益性质的善举。[1] 近代以来，西湖经历了四次较大规模的公园化建设，大大推动了城市空间公共性的获得：一是 1912 年随着湖滨城墙的拆除，西湖开始由传统公共园林转向现代公园；二是 1929 年为召开首届西湖博览会，按照中西结合的模式开展的公园化建设；三是 1950 年之后，西湖按照"人民公园"的理念进行了全面改造；四是始于 2001 年的西湖综保工程和 2002 年 10 月实施的西湖免费开放政策。

第一节　近代"公园化"

西方公园文化对中国传统园林的影响大体上可以分为三个阶段，第一阶段是西方公园文化借助沿海商埠租界公园的渗入阶段，中国传统园林与西方公园文化在此期间产生了激烈碰撞；第二个阶段为私家园林公园化阶段，这个阶段主要受到民族资本主义的影响，城市中一些先进分子开始学习西方先进理念，同时随着商业经济的发展，一批新兴私家园林逐渐公园化，成为城市居民喜爱的公共场所；第三个阶段为政府认同公园文化阶段，民国时期园林建设发展主要是以政府主导的形式进行，这一时期大量新建

---

[1]　周维权：《中国古典园林史》，清华大学出版社，2008 年，第 22 页。

城市公园，传统私家园林、洋人私家花园等被收归国有，并向全民开放共享，公园文化逐渐成型。[1]

城市早期现代化是一个由传统向现代转变的过程，城市的性质和功能发生了转变，城市基础设施、治理体制、社会结构、生活方式、思想观念等也随之发生重大转变。1896 年杭州开埠通商，是杭州从古代城市走向现代城市的起点。[2]1912 年民国政府拆除湖滨城墙，西湖开始由传统公共园林转向现代公园。受西方公共园林文化思潮影响，民国政府在西湖湖滨周边建设欧式公园，以及民众运动场、民众教育馆、民众图书馆等公共建筑，西湖成为新市民生活中心，代表着民主革新"新生活"的开始。[3]

"公园"一词由西方传入，最初在中国使用是为了与中国传统园林做区分。中国最早的现代意义上的公园是 19 世纪 60 年代的上海外滩公园。[4]清末光绪三十一年（1905）七月，端方、戴鸿慈等五大臣出国考察西方的宪政，总结欧美各国"导民善法""曰图书馆、博物院、万牲园、公园四事"，极力推动设立万牲园与公园。[5]随后，"万牲园"以售票形式向公众开放。这是近代以来第一次将皇家私属的园林空间转变为具有现代特征的公园，赋予了古代园林空间以现代公共交往与价值传播的功能。

民国二年（1913），杭州拆除旗营而建设新市场，涌金、清波、钱塘三座城门之间的围墙也被拆除，用于改建城市道路，被称为"西湖入城"。

---

[1] 胡冬香：《浅析中国近代园林的公园转型》，《商场现代化》2006 年第 1 期，第 298-299 页。

[2] 汤洪庆：《杭州城市早期现代化研究（1896—1927）》，中国社会科学出版社，2013 年，第 4 页。

[3] 王欣、何嘉丽：《杭州西湖"公园化"历史及文化变迁研究》，《中国名城》2020 年第 3 期，第 47-52 页。

[4] 王欣、何嘉丽：《杭州西湖"公园化"历史及文化变迁研究》，《中国名城》2020 年第 3 期，第 47-52 页。

[5] 黄维恒：《"导民善法"：动物园往事》，《中华建设》2017 年第 3 期，第 32-35 页。

"西湖入城"标志着西湖开始由传统公共园林转向现代公园。[1]

公园具有改善城市环境、拓展公共交往空间的功能。1914 年，北洋政府成立京都市政公所，其正式颁布的《市政通告》是介绍现代公园建设的重要思想阵地。当时国民政府和社会贤达人士都认识到公园对于塑造国民性格、健全民主人格的作用，他们认为只要"有了公园以后，市民的精神日见活泼，市民的身体日见健康……简直说罢，是市民衣食住之外，一件不可缺的要素"[2]。因此在商会人士提出仿照上海黄浦滩建设公家花园的建议后，当时的杭州市政府随后就在湖滨一带，仿照西方公园的景观要素，在西湖周边建设了六座公园。音乐亭、凉亭、花房以及喷泉、雕塑等典型的西方景观建筑穿插在其中，连同纪念孙中山的中山公园也修葺一新。为进一步迎合社会发展民主政治的风潮，又将孤山行宫建筑改为博物馆、图书馆等公共建筑，并新建了革命先烈陵园。

这一时期杭州的公园建设理念与建设形式很大程度上照搬了西方，湖滨公园的规划与建设在很大程度上出于对西方城市滨水公园类型设计的模仿（见图6-1），主张"设施完全的公园，都应有体德智美四育的设施"，配备公共运动场、游泳场、溜冰场及儿童游戏场等"合乎体育的设施"，书报社、博物馆、动物园、植物园、陈列室等"合乎智育的设施"，纪念堂、格言亭、石碑、铜像等"合乎德育的设施"，以及戏剧场、音乐厅、花艺房、美术馆等"合乎美育的设施"。[3]

同时，政府以法律条文的形式助推现代公园建设。1913 年《浙江军政府临时约法》以法律形式向社会宣告：人民是国家的主人，享有自由平等的民主权利。1927 年颁布的《杭州市取缔西湖建筑规划》提出沿湖建筑

---

[1] 傅舒兰：《杭州风景城市的形成史——西湖与城市的形态关系演进过程研究》，东南大学出版社，2015 年，第 174 页。

[2] 北京市公所：《社稷坛公园预备之过去与未来》，《市政通告》1914 年第 10 期。

[3] 郑拔驾：《新西湖》，上海三民图书公司，1930 年，第 7-9 页。

图6-1　民国时期杭州西湖公园[1]

物高度不能遮蔽名胜或风景，其外部装饰按照务必美观的要求，采用传统
园林建筑或西式建筑。

时任国民党浙江支部长的褚辅成曾在回忆录中写道：

> 光复后，政事部注意开辟马路……设工程局，规划拆城筑路，先
> 将武林门至涌金门一段城墙拆除，沿西湖筑堤植树，辟为公园……外
> 来游西湖者咸于此驻足焉。[2]

从褚辅成的回忆录看，拆城筑路、开辟公园和商业区，主要是为了发
展旅游业，并借此繁荣城市。褚辅成接受过西方现代教育，因而从开展市
政建设、开辟公园，到建设民众运动场和教育馆，再到开设商业市场和游
乐场所，皆着眼于建设城市、繁荣经济、服务于民，颇有现代政府管理的

---

[1]　杭州市档案馆：《杭州古旧地图集》，浙江古籍出版社，2006年，第294页。
[2]　赖骞宇、徐玉红：《民国杭州西湖景观文化传播》，杭州出版社，2012年，第70页。

理念。[1]正是在这一背景下，在20世纪20年代，杭州开始从废墟上重建"文化花园"，并发展成为中国最著名的旅游胜地之一。

第二节　西湖博览会

城市由最初的神灵家园演变为人类场所，其本质也随之升华为对人性的关怀与陶冶。在城市中，居民主要通过公共空间进行信息的传播和交流，构建共同的价值观和社会组织结构。[2]博览会公共空间是促进世界经济、政治、文化交流的重要窗口，它是近代工业发展到一定程度的产物，展示着当时工业文明的形象与姿态。1929年，在杭州召开的首届西湖博览会（简称西博会）是中国近代影响力极强、参与人数极多的一次综合性博览盛会，展现出中国近代史上的工业兴盛、文化强盛的态势。

首届西湖博览会自1929年6月6日起至10月20日止，历时4个月137天。经过半年多精心筹划，开幕式当日参观人数达10万余人，累计参观人数多达2000余万人。时任浙江省政府主席、西湖博览会会长的张静江主持开幕式，国民党中央委员林森升旗，国民政府代表孔祥熙行启门礼，朱家骅、褚民谊、蒋梦麟、蔡元培、王伯群、易培基、杨树庄、王正廷、何应钦、张群等高官出席开幕式。此外，海外商人、华人华侨、记者团体以及各路民众，共计数百名嘉宾和十万余观众参加了开幕典礼（见图6-2）。

---

[1]　汤洪庆：《杭州城市早期现代化研究（1896—1927）》，中国社会科学出版社，2013年，第71页。

[2]　陈竹、叶珉：《西方城市公共空间理论——探索全面的公共空间理念》，《城市规划》2009年第6期，第59-65页。

图6-2　首届西湖博览会开幕式现场[1]

西湖博览会共设立革命纪念馆、博物馆、艺术馆、农业馆、教育馆、卫生馆、丝绸馆、工业馆等八个场馆，特种陈列所、参考陈列所等两个陈列所，以及铁路陈列处、交通部电信所陈列处、航空陈列处等三个特别陈列处。会址选在北里湖的四周，包括断桥、孤山、岳王庙、北山、宝石山麓及葛岭沿湖地区，周长 4 公里，面积约 5 平方公里，汇集了来自全国各地的精华展品 15 万余件，可谓蔚为大观、琳琅满目。因当时游客众多，国民政府工商部部长孔祥熙提议，西湖博览会闭幕后继续开放 10 天，并一律免费参观。整个展会期间，参观西湖博览会的人络绎不绝，气氛热烈且浓厚，四方宾朋纷至沓来，流连忘返。

1929 年的西湖博览会是现代中国社会发展的一个缩影。博览会的运作机制、场馆建设、展品出展等方面，皆已展示出向西方学习的姿态，并

---

[1]　冯俊：《西湖博览会》，杭州出版社，2004 年，第 38 页。

以较为成熟的形态转化过来，开创了我国近代博览会事业的先河，其影响意义深远。西湖博览会的成功举办，使得提倡国货的思想深入人心，激发了民众参与、从事生产国货的热情，进一步推动社会向前发展。

展品陈列是博览会的核心任务，但西博会主办方的目的，不仅在于振兴实业、鼓励国货发展，同时也意在教化人民、繁荣文化，提倡精神文明的富足，倡导娱乐大众化、共享化：

> 今日谈民生者，于食衣住行四要之下，复加以乐，是亦足觇古今于娱乐之不得偏废焉……因鉴于参观者于览考之余，不有娱乐，不足以苏解脑困，是以假大礼堂为大剧场，于多子塔院及孤山路，分设两电影场，一为院落，一为露天，晴雨凉暖，各得其宜。建百艺园于惠中宾馆对面空地，设场凡三，罗陈杂剧，复以舞踏一艺，足供中西人士之同乐也。[1]

博览会的场馆内外留给游客的公共空间，极大限度地保证了公众可以参与丰富多样的活动。这是西湖博览会在策划之初就被赋予的独特使命，不同于此前的商业活动。近代中国举办的前几场地方性展会，大多利用传统庙会、商铺建筑等场所举办，如 1906 年成都举办的"商业劝工会"，1907 年天津举办的"商业劝工会"，1909 年武汉举办的"劝业奖金会"，等等。

西湖博览会的场馆大部分是由其他建筑改造而来，主要原因是当时可利用的经济资金有限。随着西博会场地的不断优化改造，西湖风景带附近的一些宗祠、寺庙、私家园林等建筑被保护性征用为会场用地，并进行重新规划与调整，使原有建筑逐渐褪去了庄严肃穆的面貌，取而代之的是展

---

[1]　《西湖博览会总报告书》，《中国早期博览会资料汇编》（五），全国图书馆文献缩微复制中心，2003 年，第 442 页。

会娱乐、展示、开放、共享的功能（见图6-3）。就艺术馆而言，除大门及第二国画室是新建之外，其余均由旧的庵堂改造而成。一共有4处，都坐落在西湖风景带附近，包括照胆台、三贤祠、陆宣公祠一带。[1]

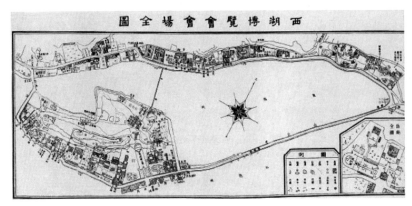

图6-3　西湖博览会会场全图[2]

除此以外，博物馆建在孤山的王电轮庄（清雪庐）、林舍一带，场馆借用了放鹤亭、徐公祠、赵公祠等场地；农业馆设在中山公园、忠烈祠、文澜阁等处，面积百余亩；教育馆则借用了浙江省图书馆、启贤祠（今浙江图书馆古籍部）等场地；卫生馆也由西泠印社、俞楼等地改造而来，利用旧有的亭阁楼宇精心布置、分门别类，宣扬了改善国民体格、增长卫生知识的目的。当然，在场馆的选择中也有直接"拿来为之用"的，参考陈列所就设在岳王庙里，目的是比较和借鉴国外的机器、设备、原料等，进而促进工商业长足发展。

为了营造新式展会氛围，也新建造了一些标志性的建筑，其中西湖博览会桥（见图6-4）可谓占据主要地位。博览会桥修建于1929年，自孤山

---

[1]　西湖博览会组委会编印：《西湖博览会艺术馆参观指南》，1929年，第37页。

[2]　冯俊：《西湖博览会》，杭州出版社，2004年，第40页。

放鹤亭起，至北山路招贤寺止，计长 600 尺（约 194 米）。桥体主要为木质结构，并在桥上修建有亭阁，便于游客玩赏、休憩等，参观者也可便捷地来往孤山与北山路，参观里西湖周边的馆所。此桥成为西湖博览会重要的标志性建筑，也是游客打卡的重要地方，后来被广泛用于邮票、丝织品、纪念品等的图案装饰。

图6-4　西湖博览会桥[1]

此外，主办方还修建了西湖博览会纪念塔（见图 6-5）、大礼堂等，增加新型展会气象；修建了陈英士纪念塔、北伐将士纪念塔等建筑物，宣扬革命精神、爱国主义精神；修建了许多游乐场、商场、旅馆，更大程度地便民利民，方便游客娱乐与游览。西博会展馆建设意味着城市公共空间的产生，由单一性向多元化、复合型功能转变，呈现出一种中西融合、古今交汇的和谐城市景观，极大地促进了城市现代化进程。这也体现了以赛会兴工商的意图，"必先筑绝后空前之会所，四通八达之市场，荡心骇目，巍然焕然，乃足以受容中外与会之人与物，及中外观会应用之物"[2]。

[1]　《商业杂志（上海 1926）》1929 年第 12 期，第 6 页。
[2]　《论今日宜急开内国赛会以兴工商》，《东方杂志》1908 年第 5 期，第 25 页。

图6-5　西湖博览会纪念塔[1]

　　从内部空间看，完美空间布局的呈现取决于前期合理细致的规划与安排。西湖博览会场馆内空间布局的设计路线合理，保证游客可自由参观，体现以人为本的设计理念，如艺术馆的参观路线："主馆前后大门，均可购票出入，自前门经过一道走廊和办公室，就是第一部西画雕塑陈列室，折东，转北，就是第二部国画陈列室，走完该室，再经过一道很长的走廊，穿过徐烈士墓道的前面，就到了姚公祠，步三十步，就达袁庄第三部金石陈列室。再退回前进，便是第四、五部古书画陈列室，与第六部摄影陈列室了。走过第六室时，再折向东，转进正厅，便是第七部工艺陈列室了，再进便是第八部，陈列的，也是金石，回转来，便是后门。"[2]

[1]　冯俊：《西湖博览会》，杭州出版社，2004年，第72页。
[2]　西湖博览会组委会编印：《西湖博览会日刊特刊》1929年第6期，第2页。

　　展会空间布局规划合理，层次分明，极大限度地突出展品特色。在馆内不仅有我国杰出作品，而且也有西方独特韵味的艺术精品。作为空间艺术的雕塑，它们占据着一定的空间，并随着空间与时间的改变而改变。"雕塑乃对诸位置的体现；诸位置开启一个地带并且持留之，把一种自由之境聚集在自身周围；此种自由之境允诺各个物以一种栖留，允诺在物中间的人以一种栖居。"[1] 王静远女士的大理石雕塑《孙中山先生胸像》《吹笛女》等作品，算得上是上乘之作，人物面部轮廓清晰、形神兼备，观者可近距离观看，改变了原有的欣赏方式，使其全方位、沉浸式地欣赏作品本身，引得游客驻足久矣。她的作品充分体现了空间立体美感，使展品具有了生命的形式，在公共空间中引导历史、指引未来，传递着民族、国家、城市的历史文化发展信息。

　　从博览会外部公共空间来说，馆舍的外观建筑主要采用刘既漂"美术建筑"的设计理念，在博览会大门及各场馆入口的设计上，大多采用了"装饰艺术运动"倾向于几何立体块状结构的阶梯状的现代简洁造型，与中国古典牌坊样式元素相结合，体现调和中西、融合古今的艺术精神。如大门外观采取孔子文庙中盘龙柱子元素，将图腾龙的形象镂刻在其中，给观者带来民族自豪感。革命纪念馆则设计成骑街牌楼的样式，寓意为平等和谐，体现出庄重典雅、大方美观的特点。博物馆的进出口牌楼亦是如此，其场馆在新建博览会桥西首，其图案庄严华贵、古朴雅观。艺术馆（见图6-6）整体外观是"青笋式"设计，创作构思的直接来源是保俶塔建筑外形的轮廓线，呈现竹笋式顶尖曲线构造。由此种种，不难看出刘既漂积极践行着"调和中西艺术，创造时代艺术"的艺术理念，向观者展示一种公共文化形象，在传承与创新中实现着社会、经济、文化的价值与意义。

---

[1]　马丁·海德格尔：《海德格尔选集》，孙周兴译，上海三联书店，1996年，第486页。

图6-6　艺术馆滨水景

　　展会期间，公共文化活动的展演主要载体是各游艺项目。为了增强游客参与各项游艺活动的体验感，西博会相关负责人员特地建立各种游艺场所，如大剧场、电影场、跳舞厅、音乐亭、溜冰场等，组织开展各种丰富多彩的活动。在众多游艺活动中，首要推介的是具有杭州地方特色的杭剧，在此次会展中主要以前本、后本戏为主，表现出演员精心策划剧目内容及娴熟的演出水平。演出周期长达 70 多天，使杭剧这一地方大众娱乐方式得以广泛传播，呈现了杭剧早期的发展面貌，满足了大众的审美需求。

　　在此基础上，还邀请海内外名家在西博会的大礼堂设专场表演，施展才华、切磋技艺，如专门邀请了社会名流王晓籁等人赴杭作公益京剧表演，赢得观众热烈掌声。教育领域参与热情高涨，有来自国立浙江大学、艺术院、省立高中自治学院、警官学校等团队四千余人，在大礼堂门前作教育演讲，并谈到学校教导学生们要尊敬师长，要集中人才以及管理学生等各方面亟须解决的问题，引起大家共鸣。同时，小学生们也对各科目的作业进行会场展演，场内外座无虚席、摩肩接踵，好评如潮。

除此以外，西博会还创新娱乐形式，借鉴西方的"跑马"活动，改创成跑驴比赛（见图6-7），增加了展会的趣味性；并举行了象棋、围棋等多项体育比赛。游客群众可以参加听音乐、下棋、登高、骑自行车等内容丰富、形式多样的文艺欣赏活动。公共活动的开展吸引了众多游客前来参与，有本地市民朋友，也有外地来的游客，散客尤其多。还有国外的记者前来参观学习交流。这都得益于前期派专员到各地招引游客前来参观博览会。"组团"参加博览会的也不在少数，包括本次博览会的团体商组上海厂商参加西湖博览会，还有精武、友声、海关、税专合组旅行团参观西湖博览会，记载有："自今夏联合旅行'崇明''普陀'后，团员游兴倍增，故有此次西湖博览会参观团之组织，参观数达八百四十五人。"[1]

图6-7　西湖博览会之跑驴场[2]

---

[1]　《四团体参观西湖博览会》，《精武画报》1929年第13期，第2页。
[2]　韩一飞：《西湖老明信片》，杭州出版社，2006年，第253页。

博览会期间，还举办了丰富多样的公共文化活动，不仅消除了游客身躯的疲惫，而且丰富了他们参展、欣赏展品期间的生活。通过西湖博览会这一盛事，大众不但开阔视野，启蒙了民主、科学的现代社会生活理念，而且还通过丰富多彩的美育活动，培养了高尚道德情操，提升了审美趣味。

第三节　人民公园改造

在社会主义社会，政治意识形态投射在社会组织形态之中，深刻地影响着公共空间公共性的获得与展现。不同于其他社会形态中公共与私人、集体与个体划界清晰、互不干涉，甚至是相互对立、充满矛盾的，城市乌托邦公共空间建设属于非功利模式，不以任何私人盈利为目的，它对所有城市居民敞开怀抱、属于全体人民共享共有。

20 世纪 50 年代，杭州市政府按照"人民公园"的理念对西湖进行了全面改造。首先，通过立法进一步确定公园的公有属性，"风景区、公园一切为公有"[1]，最大限度地满足劳动人民的需要，沿湖的私家园林经改造后逐步对外开放。其次，按照服务"无产阶级和人民大众的立场"，在苏联规划专家的指导下，开展历史景观保护和环湖大公园系统建设，体现出为普通大众服务的社会主义公园的特征。[2] 值得一提的是，这次改造的主体除了管理部门的人员之外，还发动机关、学校和工商联等城市居民共计 2 万多人次参加义务劳动，可以说西湖公园化建设本身就是一场公共性活动。

---

[1] 《西湖风景区管理暂行条例（1950）》，杭州市档案馆。
[2] 王欣、何嘉丽：《杭州西湖"公园化"历史及文化变迁研究》，《中国名城》2020 年第 3 期，第 47-52 页。

　　1952 年，杭州市政府在《西湖风景五年规划》中，将民众需求与民族形式相结合，在空间布置上力求开阔，在色彩营造上力求明丽，利用整个西湖以及沿湖的山区地带修造了具有统一性的大规模的天然公园。[1]20世纪 50 年代苏联经验得到广泛认同，规划提出以旅游、休养、文化为主，适当发展轻工业，逐渐建成一个富于艺术性和教育性的风景城市的定位，实际上强化了以西湖为中心的城市公共性建设路径。随后，由杭州市建设局、园林局牵头组织西湖公园化改造，整体采取英国自然风景园林与中国传统山水园林特色相结合的方式，对西湖周边数十个名胜古迹进行公园化改造，至 20 世纪 60 年代中期基本完成。

　　人民因素是 20 世纪 50—80 年代西湖公共化建设的重要背景。社会主义思想与社会主义制度决定了其与生俱来的公共性。马克思主义理论指出，生产资料公有制是个人与集体真正统一起来的物质基础，在《神圣家族》中他提到"正确理解的利益是整个道德的基础，那就必须使个别人的私人利益符合全人类的利益"[2]。因此在社会主义社会中，个人利益与集体利益是一致的。西湖公共化建设过程中，苏联规划专家给予了友情支持。在20 世纪 50 年代西湖"公园化"的改造运动中，苏联专家在设计理念与技术运用中给予了一定的指导。西湖公共化建设也是出于外交的需要。1953年至 1975 年，毛泽东等党和国家领导人频繁到访西湖，并多次在西湖接待来访的外国领导人，在此背景下，西湖兼具了展现中华优秀传统文化和社会主义新中国城市建设的窗口功能。

　　在 20 世纪 50 年代的西湖第二次公园化改造中，杭州市专门设置园林局等专业机构，长期组织开展西湖生态保护、景观修复和经营活动，从而奠定了今日杭州西湖的基本面貌。改造后的西湖园林彻底成为"人民公园"，

---

[1] 王国平：《西湖文献集成》第 12 册，杭州出版社，2004 年，第 262 页。

[2] 马克思、恩格斯：《马克思恩格斯全集》第 2 卷，人民出版社，1957 年，第 167 页。

成为本地老百姓日常休闲的场所，体现出为普罗大众服务和社会主义公园的特征。[1]

2001 年，杭州市委、市政府提出"还湖于民"的口号，启动了声势浩大的西湖综保工程，并在随后一年落实了西湖免费开放政策。西湖景区成为 24 小时免费开放的环湖公园，实际上是对西湖自宋代以来公共性建设的肯定，是"公"与"私"、特定群体的"公"和全民平等的"公"之间博弈的最终结果。2011 年 6 月，在"西湖文化景观"获批世界遗产名录之后，杭州市政府承诺延续"免费开放西湖"政策，使西湖成为面向全民开放的大公园。

从 1912 年拆除旗营到 1950 年资产公有化，再到 2002 年西湖免费开放，可以清晰看出近代以来西湖公共化发展的轨迹。拆除围墙是消除物质形态上的区隔，免费开放则是取消了制度层面的藩篱。由此，西湖从物质空间到精神空间都真正属于了全体人民。

如果说"公共空间首要是集体记忆和愿望的载体，其次是地理和社会想象的场所，并拓展出新的关系和可能性"[2]，那么纵观西湖由古至今的演变，可以看出，西湖空间的演变除反映历代生活特点和艺术特征的差异外，其体现的城市"公共空间"发展的精神内核也发生了转变。现代公园应该被看作是一种文化表征而非空间概念，因为当人在塑造环境的同时，也在塑造自己的精神世界和生活方式。现代公园指向的社会发展实质，是人类精神栖居之所与附着在空间载体之上的文化之和。

"免费西湖"还原了西湖作为公共空间的社会生活属性，活态遗产保护的方式也更利于保持世界文化遗产的原真性。西湖是世界人民共同的生

[1] 王欣、何嘉丽：《杭州西湖"公园化"历史及文化变迁研究》，《中国名城》2020 年第 3 期，第 47-52 页。

[2] 查尔斯·瓦尔德海姆：《景观都市主义》，刘海龙、刘东云、孙璐译，中国建筑工业出版社，2011 年，第 17 页。

活文化财富，将其作为平等、开放的现代公园，不但可以为民众提供休闲游览的公共空间，引导民众改良生活方式、提高生活品质，而且还可发展城市公共意识，塑造理想城市生活。

第七章　西湖文化景观范式

　　集称文化是将一定时期、一定范围、一定条件之下类别相同或相似的人物、事件、风俗、物品等，用数字的集合称谓将其精确、通俗地表达出来，集称文化可分为自然山水景观集称文化、城市名胜景观集称文化、园林名胜景观集称文化和建筑名胜景观集称文化四个子系统。[1]"西湖十景"是中国文化史上著名的题名景观，集山水、园林、建筑、艺术为一体，这种天人合一的题名景观具有极为丰富的美学价值。"西湖十景"自唐宋时期萌生到南宋定型，延续至今仍然产生着巨大影响力。

第一节　西湖题名景观的形成

　　题名景观文化是集称文化的一种诗情画意的展现形式，而西湖题名景观则是其中独一无二的佼佼者。

　　"西湖十景"题名景观的产生与西湖诗画创作相关。《宋史·文苑传》记载，杨蟠与郭祥正曾撰《西湖百咏》赋诗赞美西湖景观。经过唐宋时期大量诗词咏唱，西湖景观的意象逐渐固化，形成了系列典型景观。此后，西湖景观成为山水画的母题之一。

　　围绕宋代的公共游赏活动，涌现了大量诵咏西湖美景的诗词，以及以

---

　　[1]　吴庆洲：《中国景观集称文化》，《华中建筑》1994 年第 2 期，第 23-25 页。

西湖景观为题材的绘画作品。特别是南宋画院"西湖十景"题名景观形成后，西湖成为历代绘画的一个"母题"，被反复模仿、传承和创新，形成以诗入画、书画相偕的繁荣局面。由此，湖山之间的各式文人雅集活动转化为文人的行动自觉，他们悠游唱和、饮酒作乐、歌舞诗画，通过寄情山水而获得精神的自由与情感的慰藉。

唐代与北宋时期的西湖山水图只见于文献的记载，目前现存最早的西湖图像始于南宋，多以"西湖十景"为题。[1]一方面，随着历史的演进，到南宋时期，杭州西湖与城市的空间关系基本定型，"十景"相关的景观建设也已基本完成；另一方面，随着宋室南迁，西湖山水图的创作也被推向了一个高潮：画院画家、皇亲贵戚、文人士大夫、方外人士等都参与了西湖山水图的创作。特别是在宋高宗绍兴年间（1131—1162）重设画院，集结了当时来自五湖四海最优秀的画师，大大促进了西湖绘画的繁荣。而且，当时结社之风盛行，比如"西湖诗社"的成立就带动了士大夫聚集西子湖畔，以西湖为对象的诗歌创作风潮。同时以诗和画、以画赋诗成为一种文人雅趣。从西湖十景图的形成来看，即以诗画形式传播开来："王洧题以十诗、陈允平题十词，十景之目遂以传称至今。"[2]

西湖十景图始于南宋，但掇其源始，应肇于北宋"潇湘八景"的山水画潮流。[3]十景之名，始见于南宋理宗时期地理学家祝穆在《方舆胜览》（成书于1239年）中的记录：

> 西湖，在州西，周回三十里，其涧出诸涧泉，山川秀发，四时画
> 舫遨游，歌鼓之声不绝。好事者尝命十题，有曰：平湖秋月、苏堤春

---

[1] 洪泉：《图像视角下的西湖传统园林研究初探》，《中国风景园林学会2018年会论文集》，2018年，第550-556页。

[2] 翟灏等：《湖山便览》卷一，上海古籍出版社，1998年，第27页。

[3] 北宋宋迪作"潇湘八景"，为平沙落雁、远浦归帆、山市晴岚、江天暮雪、洞庭秋月、潇湘夜雨、烟寺晚钟、渔村夕照，一时间引起了"八景"山水画的潮流。

晓、断桥残雪、雷峰落照、南屏晚钟、曲院风荷、花港观鱼、柳浪闻莺、三潭印月、两峰插云。[1]

在吴自牧《梦粱录》（序于 1274 年）中亦有记载，印证如下：

近者画家称湖山四时景色最奇者有十，曰苏堤春晓、曲院荷风、平湖秋月、断桥残雪、柳浪闻莺、花港观鱼、雷峰夕照、两峰插云、南屏晚钟、三潭印月。[2]

虽然两者"十景"的顺序不一，但都说明了西湖十景在南宋时期以绘画的形式予以确立。清人翟灏、翟瀚在《湖山便览》中称，"考凡四字景目，例起画家，景皆先画而后命意"[3]，道出了题名景观的"因景作画，因画命景"形成方式。西湖十景最早出现在典籍中的绘画，应是马远所作，"远尝有水墨西湖十景册，画不满幅，人称马一角，见《南宋画苑录》"[4]。由此可见，宋时画院画家已形成四言山水景观题名传统，如马远画的《平湖秋月》、陈清波画的《断桥残雪》等西湖景迹。现存有据可考，最早以"西湖十景"为题的山水画是马麟的《西湖十景册》[5]与叶肖岩的《西湖十景图》（见图 7-1）。

通过作品及文献分析，不难发现南宋的西湖山水图大多带有实景图的性质，状物的细致与真实是这一时期西湖山水图的特质。[6]以《四景山水图》（见图 7-2）为例，画师几乎完美呈现了西湖四季梦幻般的美景，画面中不仅有精美的山水园林，如露台、假山、亭台、楼阁、栏杆、花木等，特

---

[1]　祝穆：《方舆胜览》，《西湖文献集成》第 1 册，杭州出版社，2004 年，第 197 页。

[2]　吴自牧：《梦粱录》，浙江人民出版社，1980 年，第 106 页。

[3]　翟灏等：《湖山便览》卷一，上海古籍出版社，1998 年，第 27 页。

[4]　翟灏等：《湖山便览》卷一，上海古籍出版社，1998 年，第 27 页。

[5]　马麟的《西湖十景册》现已不存，但在高士奇的《江村销夏录》与厉鹗的《南宋院画录》中留有记载。

[6]　王双阳：《古代西湖山水图研究》，中国美术学院出版社，2009 年，第 19 页。

图7-1　叶肖岩《西湖十景图》（设色，23.9cm×20.2cm×10，
现藏台北故宫博物院）

图7-2　刘松年《四景山水图》[1]（设色绢本，41.3cm×69.3cm×4，
现存于故宫博物院）

别是深入湖中的水阁，都是经过精心设计过的园林美景，而且精细描绘了人的行动，把人安置在山水风景之中，形成动静结合的丰富意韵。

南宋之后"西湖十景"渐趋固定：苏堤春晓、曲苑风荷、平湖秋月、断桥残雪、柳浪闻莺、花港观鱼、雷峰夕照、双峰插云、南屏晚钟、三潭印月。这十景的景目两两相对：苏堤春晓对平湖秋月，曲院风荷对断桥残雪，雷峰夕照对南屏晚钟，花港观鱼对柳浪闻莺，三潭印月对双峰插云，富于韵律感。并且融合空间美（八方美景）、时间美（春、夏、秋、冬四季和朝、夕、日、夜景致）、自然美（秋月、残雪、风荷、夕照）、人工美（苏堤、断桥等）、静态美（平湖、秋月）、动态美（风荷、观鱼）、声音美（晚钟、闻莺）、动物美（鱼、莺）和植物美（花、柳、荷）[2]，可谓是理想美的体现。

西湖申遗文本中对"西湖十景"的形成时间、景址、景观内容、审美主题等进行了总结（见表7-1）。

就"西湖十景"的形成而言，是以皇家与文人士大夫为主导构建的"繁华之梦"，同时也是符合宋室皇家审美趣味的景观。如"柳浪闻莺"原为宋朝的聚景园，是南宋高宗、孝宗两朝皇家园林中最为宏丽的一处。据志书载，当时聚景园中，建有会芳、赢春等殿堂楼阁以及瑶津、寒碧等亭台轩榭，泉池澄碧，小桥流水，垂柳成荫，风光如画。"花港观鱼"为卢园的一角，"内侍卢允升园景物奇秀，西湖十景所谓花港观鱼即此处也"[3]。"苏堤春晓""三潭印月"两处景观与苏轼有关，是其治水功绩的遗存；"双峰插云"的景观则需从洪春桥透过九里松林，远望云雾缭绕的南、北双峰忽隐忽现，意境悠远。

---

[1] 作者自摄于"宋韵今辉"展，中国美术学院美术馆，2023年5月。

[2] 吴庆洲：《杭州西湖文化景观的兴废及其启示》，《保国寺大殿建成1000周年学术研讨会暨中国建筑学会建筑史学分会2013年会论文集》，2013年，第12页。

[3] 周密：《武林旧事》，钱之江校注，浙江古籍出版社，2011年，第99页。

表 7-1　"西湖十景"景观单元清单[1]

名称	景观系列	历史年代	景址	审美主题	景点		景域	
					景点要素	范围/平方米	视域景观	范围/公顷
苏堤春晓	南宋十景	南宋至今（13世纪~21世纪）	湖西外湖与西里湖等水域之间	春季清晨的长堤和植被景观	长堤六桥、桃红柳绿	96600	堤东的外湖水域及三岛、堤西的西里湖水域和湖西群山峰峦、堤北段西侧的玉带桥,曲院风荷,堤北段东侧的白堤与西泠桥、孤山	2052.12
曲院风荷			湖北苏堤北端西侧、岳湖滨湖地带	夏日的荷花和堤畔的园林院落	堤畔半亩地院落、夏荷	614	景点南面面的岳湖水域及其西侧群山峰峦、景点东面的苏堤,景点南面的"玉带晴虹"景点	655.51
平湖秋月			湖北孤山南麓东端滨湖地带	秋季的湖面和月色	御书楼、平台	1600	月色、外湖水域及三岛,西、东、南、东环湖群山和景观,景点东侧的孤山	857.28
断桥残雪			湖北白堤东端	冬季西湖的雪景	断桥、白堤	26100	西湖雪景、桥北的北里湖和葛岭雪景、桥西的孤山,白堤及其东、南沿湖景观	917.25
花港观鱼			湖西小南湖与西里湖之间	私家宅苑中的动植物生机	鱼池、院落、桃花、垂柳	2500	景点北侧的西里湖水域及西堤群山峰峦,景点东侧的苏堤	301.87

[1] 国家文物局:《杭州西湖文化景观》申遗文本,2010年,内部资料。

续表

名称	景观系列	历史年代	景址	审美主题	景点		景域	
					景点要素	范围/平方米	视域景观	范围/公顷
柳浪闻莺			湖东钱王祠北滨湖地带	清晨微风中的柳林	湖滨柳树、莺声	5400	景点西侧的外湖水域及其北、西，南环湖群山	997.81
三潭印月			湖岛中小瀛洲及岛南水域	月塔，湖的相互辉映	小瀛洲岛、三石塔、岛上园林建筑	76700	景点四面的外湖湖面、月影，外湖东、南、西群山景观，景点西侧的苏堤	949.70
双峰插云	南宋南宋十景	南宋至今（13世纪~21世纪）	湖西南高峰、北高峰两山峰峦	云雾缭绕中的山峰	南高峰、北高峰、洪春桥一带	不限	南高峰、北高峰、西湖西部群山和云气	395.02
雷峰夕照			湖南净慈寺北、夕照山上	黄昏的光线和山上古塔的剪影	夕照山、雷峰塔、长桥一带	131900	夕阳、黄昏的光线，景点北侧的西湖湖水域、两堤三岛，西、北、东环湖群山景观	787.75
南屏晚钟			湖南南屏山麓	夜晚净慈寺庙的钟声在山谷的回音	净慈寺、南屏山	39100	景点南侧的南屏山，景点南面的夕照山，雷峰塔	29.39

　　到南宋时期，西湖景观相关的诗、画、景之间出现了互促互融的局面，无论是实体景观的造园艺术还是诗词绘画的艺术表现，均已达到极高的艺术水准。杭州作为南宋时期的政治、经济、文化中心，其繁华程度在《西湖游览志余》《西湖志》《武林旧事》《都城纪胜》《梦粱录》等古文献中均有记载。在皇家"与民同乐"的宽松政治氛围与极高的审美趣味的引导下，此时的西湖山水呈现出中国山水画的典型审美特性——朦胧、含蓄与诗意，契合东方美学最经典的审美理念"诗情画意"。

　　与"潇湘八景"不同的是，"西湖十景"题名景观不仅是诗人文字中的一团锦绣，而且是立足于现实的实景创作，更是精神层面繁盛的表征。这种物质与精神层面双重繁荣的情形，构成了"西湖梦"的美学内涵，使其成为历代文人的梦中之湖。

第二节　西湖景观题名扩展

南宋"西湖十景"承北宋"潇湘八景"之风，此后类似的四字题名景观相继出现。"西湖十景"是"人与天调，然后天地之美生"[1]理念的一种生动诠释。"苏堤春晓"等十景景目，四季晨昏晴雨，风姿各擅其胜，浓缩了西湖山水景致的精华，成为西湖山水人文化、诗意化的典型代表，为中国早期最为完整的景观系列。[2]这种"集名"景观的传统在此后近千年的西湖景观演化中得到传承和扩展。

随着南宋灭亡，"元惩宋辙，废而不治"[3]，导致"西湖十景"陷入萧条状态，但是精神栖居空间的功能仍在延续。元代评出"钱塘十景"，即六桥烟柳、九里云松、灵石樵歌、孤山霁雪、北关夜市、葛岭朝暾、浙江秋涛、冷泉猿啸、两峰白云、西湖夜月。这十景与原"西湖十景"并称为"西湖双十景"，去除与"西湖十景"中"两峰插云""平湖秋月"重复的"两峰白云""西湖夜月"，又称"钱塘八景"。

"钱塘八景"与南宋"西湖十景"相比，其景观范围与人们的宗教活动以及日常活动半径联系更为紧密。遗憾的是，元代围绕西湖景观的文学艺术创作较前代骤减，从留下的绘画作品来看，受文人画风格影响，更注重营造西湖气韵生动的氛围，以及文人的诗性趣味。

元代之后，由南宋沿袭而来的旅游风气曾一度被视为不务正业而受到压制，但随着明中叶以杨孟瑛为代表的官员对西湖的治理和景观恢复，在嘉靖、万历以后围绕西湖的旅游活动又迅速兴盛繁荣起来，游览西湖成为士大夫中普遍流行的风气，随后蔓延到了社会中下层，从官员的"宦游"、

---

[1] 邓之诚：《东京梦华录注》，中华书局，1982年，第245页。

[2] 王双阳，吴敢：《文人趣味与应制图式　清代的西湖十景图》，《新美术》2015年第7期，第48-54页。

[3] 田汝成：《西湖游览志余》卷一，上海古籍出版社，1998年，第4页。

士大夫的"士游",普及到大众旅游。[1]

与此相适应的,虽然明代未再提出"十景"集名景观,但是西湖可供游览的景观、景点却在不断增多。同时,随着佛教世俗化的发展,寺观园林成为百姓日常礼佛的公共空间。西湖盛世之景在文学艺术中得到更全面的展现,以"十景"为主体的绘画达到一个新的高峰。如齐名《西湖十景图》、蓝瑛《西湖十景图·雷峰夕照》(见图7-3)、张复《湖山览胜图》、宋懋晋《西湖胜迹图册》、戴进《西湖十景》、李流芳《西湖十景册》、沈周《湖山佳趣图》、唐寅《钱塘景物图轴》、奚冠《西湖春晓图》、谢时臣《苏堤联骠图》、周翰《南屏烟雨图》,等等。

现存最为完整的"西湖十景图"为钱塘蓝瑛所作。西湖景观是他创作的重要主题,自号"西湖研民"。据传,他常与友人泛舟西湖,甚至在西湖舟中作画,现存画作中可见"画于西湖之舟次"的字样。明代孙枝的《西湖纪胜图册》(见图7-4)共十四幅,绘法相寺、紫阳庵、孤山、高

图7-3 蓝瑛《西湖十景图·雷峰夕照》(设色绢本,167.5cm×44.5cm,私人收藏)

---

[1] 李晓愚:《论晚明的旅游与出版风尚:以杨尔曾〈新镌海内奇观〉为例》,《南方文坛》2018年第6期,第26-31页、第38页。

丽寺、大佛寺、柳洲亭、烟霞洞、八仙台、万松书院、石屋、太虚楼、灵隐寺、上天竺、虎跑泉等十四处西湖景色。这些作品所描绘的大多是寺观建筑，其中大佛寺图绘有保俶塔，万松书院则由报恩寺改辟而成。

图7-4 孙枝《西湖纪胜图册·孤山》（设色绢本，私人收藏）

清代，雍正时选出"西湖十八景"，乾隆时选出"杭州二十四景"，此外《西湖佳话》中专门刻画了"西湖十六遗迹"。据《西湖志》记载，清雍正年间浙江总督李卫主持的大规模治湖，修缮旧迹，增设景点，形成了十八景：湖山春社、玉带晴虹、海霞西爽、梅林归鹤、莲池松舍、宝石凤亭、亭湾骑射、鱼沼秋蓉、蕉石鸣琴、玉泉鱼跃、凤岭松涛、湖心平眺、吴山大观、天竺香市、云栖梵径、韬光观海、西溪探梅、功德崇坊。[1]

　　与南宋"西湖十景"、元"钱塘八景"相比，雍正十八景分布范围更加广泛，包含西湖的山、湖、洞、泉、石、庭园等等，既有自然风光，也涉及民间风俗。其中多数由传统景点、景物发展而成，也有部分为当时新开辟的景点。

　　乾隆"杭州二十四景"则是其后期巡游杭州时，取"十八景"中的十三景"湖山春社、宝石凤亭、玉带晴虹、吴山大观、梅林归鹤、湖心平眺、蕉石鸣琴、玉泉鱼跃、凤岭松涛、天竺香市、韬光观海、云栖梵径、西溪探梅"，另增十一景"小有天园、漪园湖亭、留余山居、篁岭卷阿、吟香别业、瑞石古洞、黄龙积翠、香台普观、澄观台、六和塔、述古堂"，统称为"杭州二十四景"。

　　尽管元"钱塘八景"、清"西湖十八景"和"杭州二十四景"基本沿袭了南宋四言题名景观的标题形式，但是在后期传播中因缺乏文化认同，许多景观名存实亡或者因人迹罕至而湮灭了。究其原因，主要有三：

　　其一，地理空间因素。南宋"西湖十景"均处于西湖核心区域，属于游览西湖必经之地，而后来延展的景观中不少已远离西湖，缺乏相应的公共活动支撑，景观自然衰微。

　　其二，缺乏公共开放性和平民化的特点。南宋"西湖十景"是建立在公共园林基础上的景观，即便最初为皇家园林或士族宅院，后来也成为普通百姓可达的空间。但后期扩展的集名景观中不少是依据帝王或者文人士大夫的活动空间而定，而这些空间并非普通百姓随时可进入的。

　　其三，文化内涵与审美普适性。南宋"西湖十景"融合了道家"以人合天"与儒家"以天合人"的理念，将园林景观营造与天然山水巧妙融合，以有序分布的空间细节、时间意象，生动描述了西湖代表性的景观形象，

---

[1]　傅王露等：《西湖志》，杭州出版社，2001年。

图7-5　夏圭《西湖柳艇图》（设色绢本，107.2cm×59.3cm，台北故宫博物院藏）

其景观极富美感，如平湖秋月的临水建筑，三潭印月的水上庭院，双峰插云的山体景观，柳浪闻莺的庭院艺术（见图7-5），等等。

在西湖景观的题名形成过程中，"西湖十景"经过反复的主题凝练与大量的诗词摹写，不仅契合着诗情画意的审美趣味，而且也传播着传统文化中古人对"完美生活"的心理诉求。而后期命名的西湖景观，无论是思想内涵还是审美形象均不及前者。"不管在复杂的还是简单的情形之下，总是环境，就是风俗习惯与时代精神，决定艺术品的种类；环境只接受同它一致的品种而淘汰其余的品种；环境用重重障碍和不断的攻击，阻止别的品种发展。"[1]因此，南宋"西湖十景"景观至今仍是"西湖梦"景观形象的核心。当然，其他集名景观的产生，在一定程度上拓展了西湖景观的多元化与公共性，使得"西湖梦"景观整体形象更为丰富和立体。

---

[1]　丹纳：《艺术哲学》，傅雷译，人民文学出版社，1963年，第39页。

第三节 新西湖题名景观

从社会功能来说，以"西湖十景"为核心的题名景观群是城市山水文化精神的一种载体，经历了从"娱天神"到"娱君王"，再到"娱官宦"，最后发展为"娱百姓"的过程，是一种合目的性的艺术空间的社会功能转换。[1] 新中国成立后，随着对西湖历史文化景观遗产保护的深入，景观空间的社会功能得到强化，新的"十景"景目更新产生，则不再是帝王与士大夫所主导，而是大量民众共同参与而产生。

解放后，杭州市政府组织开展了西湖全面疏浚和景观恢复工作，1952—1958 年，对西湖进行了全面疏浚，1976 年第二次疏浚西湖。随后陆续新建、扩建了许多沿湖风景名胜点，"西湖十景"全部恢复并扩大了游览面积，改善了风景景观整体面貌。1984 年，杭州被列为著名风景城市，由此吸引了数量众多的国内外旅客。许多学者与市民都提出要新增更多的景点，使游客能在更为宽松舒适的氛围中欣赏西湖美丽的山水风景。

有鉴于此，1985 年杭州市政府启动了"新西湖十景"评选活动。全国各地有 10 万余人参加，共提供 7400 余条西湖景点，广泛征集新景点、新景名，最后评选出公认度最高的 10 处景点（见表 7-2），新的"西湖十景"由十位书法家题名。

---

[1] 王双阳、吴敢：《从文学到绘画——西湖十景图的形成与发展》，《新美术》2015 年第 1 期，第 65-72 页。

表7-2 新"西湖十景"

景观景目	形成年代	主要内涵
灵隐禅踪	创建于东晋咸和元年（326）	灵隐寺被誉为江南禅宗"五山"第一，有飞来峰，崖壁精雕五代、宋、元石刻造像，蔚为大观。又有冷泉之水，时而清流潺潺，时而湍急奔流。灵隐周边，更有上天竺、莲花峰等名山，佛音庄严，禅意隐现。纵览灵隐佛地，晨钟暮鼓，悠悠扬扬，禅寺源远流长，却又有章可循，有踪可探
六和听涛	初建于北宋开宝三年（970）	六和塔是我国古代建筑艺术的杰作，多层密檐，全部为砖木结构。塔外作八角形，腰檐层层支出，宽度向上递减，檐上明亮，檐下阴暗，明暗之间衬托分明。每层檐角上挂有铁马，风起时，铁马玲珑有声。每当大潮横秋之日，人在高楼之时，中秋圆月似乎也可听闻。登塔听涛更生沧海观日之意，让人心旷神怡
岳墓栖霞	始建于南宋嘉定十四年（1221）	栖霞岭下的岳飞墓，为全国重点文物保护单位。墓阙古朴，尽显南宋建筑风格。墓道两旁的石翁仲、石马、石羊、石虎，都是明代赏玩。"岳墓栖霞"既巧妙地借用了岳墓所在地的地名，同时又借景栖霞岭比喻岳飞的碧血丹心。每当仲春时节，北山栖霞岭上山花烂漫；入秋以后，红枫似火，望之如霞
湖滨晴雨	不详	湖滨景区位于西湖和城市的接壤之地，不但可以一览西湖的三面云山，更是品鉴阴晴雨雾的好地方。多雨时节漫步湖滨，但见烟雨蒙蒙，水天一色，有一种特别的"朦胧美"。在湖滨领略晴雨西湖，"淡妆浓抹总相宜"的韵味最耐回味
钱祠表忠	始建于北宋元丰二年（1079）	钱王祠坐落于西湖南线景区，前身是表彰五代吴越国王钱氏的表忠观。2003年，杭州重建钱王祠建筑群，采用明代祠庙的造型和格局，气度恢宏。钱王祠倚城面湖，借景"柳浪闻莺"，是以风景极佳。康熙、乾隆二帝在此留有"保障江山"和"忠顺贻庥"等御题，又因祠前建有石坊"功德坊"，所以清代"西湖十八景"中有"功德崇坊"之景。祠内有苏轼撰书的《表忠观碑记》，是中国书法史上的名碑
万松书缘	唐贞元年间（785-804）	万松书院位于白居易诗"万株松树青山上"的万松岭。书院是明清时期杭州规模最大、历时最久、影响最广的书院，袁枚、王阳明等著名学者曾在此求学或讲学，学生遍及全省11府。2001年，杭州按照明代建筑格局复建。相传中国四大民间传说之一"梁山伯与祝英台"的故事就发生在万松书院，梁祝凄美的爱情故事给书院增添了一份浪漫气息，吸引着天下有情人

景观景目	形成年代	主要内涵
杨堤景行	明弘治十六年（1503）	杨公堤为杭州知府杨孟瑛疏浚西湖时筑建，是与白堤、苏堤齐名的"西湖三堤"之一。堤上六桥，与苏堤六桥前后相呼应。清朝以后，里湖逐渐淤塞，田桑扩大，杨公堤被废。2002年启动西湖综合保护工程之"西湖西进"工程，复建杨公堤，恢复了茅家埠、乌龟潭、浴鹄湾、金沙港等水面共计0.9平方公里，种植各类水生植物100多万株，挖掘推出历史文化景观36个，基本复原了300年前西湖的原貌
三台云水	不详	云自无心水自闲，三台山景区兼有江南山地和水乡之胜，不仅山色苍翠，映照长空，更有港湾溪潭，碧水清流。而山环水绕之间，以三台山一带景观层次最为丰富，也最为秀美壮丽，动人心弦，人文景观尤以人称"湖上三杰"的于谦、岳飞、张苍水都埋骨西湖山水间而出名，是西湖风景中的一大观
梅坞春早	不详	梅家坞是杭州城郊最富茶乡特色的农家古村落群和茶文化休闲旅游区。溪谷深广，草木繁盛，峰峦叠翠，即使数九寒冬，不掩如春气象。"青山四面合，绿树几坡斜。"每当天气晴朗，坞边沿山一带的茶地周围，农家茶庄迎接着慕名而来的游客，他们来此休闲，沉浸于茶香、山水中
北街梦寻	民国	北山街背倚宝石山、葛岭，建筑物在路北依山而建，朝南的一面便是西湖，这是一条充满诗意，让人浮想联翩的街。曾有人说过：当所有的音乐与诗歌都停止了奏响，建筑还在歌唱。北山街，就是一首唱了百年的建筑诗歌

2007年三评"西湖十景"。2007年2—10月，杭州举行了以"和谐西湖、品质杭州"为主题的三评"西湖十景"——我最喜爱的西湖新景点评选活动，这次活动由西湖学研究会、西湖学研究院倡议，市委、市政府建立西湖新景点评选活动组委会，邀请浙江大学、中国美术学院、浙江日报报业集团、浙江广电集团等支持单位，评选对象是自20世纪80年代以来西湖保护建设特别是2002年以来实施西湖综合保护工程期间恢复重建、修缮整治的145处景区（点），"西湖十景""新西湖十景"不再列入评选范

围。[1]参与评选人数达到了 33.86 万之余，范围覆盖了全球各地各个年龄段。并且参与者普遍具有较高的文化素养，不乏大学教授、文化界大师名人等，收到有效选票约 29.74 万张，评选结果在 2007 年 10 月 27 日举行的第九届西湖博览会开幕式上正式揭晓。[2]

纵观整个三评"西湖十景"的过程，全民参与是此次"十景"产生的最主要特点。按照公平、公正、公开的原则，开通各种途径组织公众参与投票，最终采取公众投票和专家评议相结合的方式确定景点、景名，两者的权重比例为 8 ∶ 2，确保了公众参与的民主性。自古以来，西湖山水景观命名都为皇权与精英阶层话语所掌控，然而经过近代以来的各种景观综合整治工程，西湖逐渐成为了一个开放的西湖、免费的西湖，普通平民也拥有了发表观点的机会。"还湖于民"的目标表明，民众成为了西湖的主人。

三评"西湖十景"活动让广大市民和中外游客得以更加全面地了解新西湖、熟悉新西湖、共享新西湖，真正做到了"还景于民"，充分体现了西湖综合保护工程"保护为人民，保护靠人民，保护成果由人民共享"的宗旨，三评"西湖十景"是西湖综合保护"还湖于民"理念的延伸。[3]三评"西湖十景"进一步完善了西湖景点的格局与分布，传承了西湖景点题名文化的气质与精髓，体现了新时期大众审美的特质与优势，成为继"西湖十景""新西湖十景"后西湖自然人文景观的新典范。[4]

从新评选的"十景"来看，更体现了"十景"景观文化传承的特征，这从侧面证明了西湖作为实体性乌托邦与"桃花源"最大的区别正是在于其历史演化性。这种跨越社会各个阶层、跨越不同年龄段、跨越地域差异

[1]《继南宋版西湖十景、85 版西湖新十景之后　杭州海选 07 版西湖十景》，《风景名胜》2007 年第 7 期，第 14 页。

[2] 中共杭州市委办公厅：《杭州市委办公厅、市政府办公厅关于印发〈三评"西湖十景"评选活动总结〉的通知》。

[3] 胡鉴：《杭州人三评西湖十景》，《浙江画报》2007 年第 12 期，第 16-17 页。

[4] 王露、叶自新：《西湖三十景》，浙江科学技术出版社，2009 年，第 2 页。

的各类群体参与，正是其开放性、公共性的体现。正如《三评"西湖十景"》中写到的，"杭州人又一次焕发出充沛的主人翁意识和参与精神"，通过三评"西湖十景"的方式，杭州人和西湖以及这座被西湖滋养的城市，更有机地融合到了一起。[1]

---

[1] 王国平：《三评"西湖十景"》，《杭州》2008 年第 1 期，第 20 页。

图7-6 《苏堤春晓》（明 齐民画作）

图7-7 《苏堤春晓》（清 沈德潜 《西湖志纂》刻录）

图7-8　《苏堤》（民国时期老照片）

图7-9　《苏堤春晓》（2008年12月摄）

图7-10 《曲院风荷》（明 齐民画作）

图7-11 《曲院风荷》（清 沈德潜 《西湖志纂》刻录）

图7-12　《曲院风荷》（民国时期老照片）

图7-13　《曲院风荷》（2006年摄）

图7-14　《平湖秋月》（明　齐民画作）

图7-15　《平湖秋月》（清　沈德潜　《西湖志纂》刻录）

图7-16 《平湖秋月》（民国时期老照片）

图7-17 《平湖秋月》（2006年摄）

图7-18　《断桥残雪》（明　齐民画作）

图7-19　《断桥残雪》（清　沈德潜　《西湖志纂》刻录）

图7-20　《断桥》（民国时期老照片）

图7-21　《断桥雪景》（2006年摄）

图7-22　《花港观鱼》（明　齐民画作）

图7-23　《花港观鱼》（清　沈德潜　《西湖志纂》刻录）

图7-24　《花港观鱼》（民国时期老照片）

图7-25　《花港观鱼》（2006年摄）

图7-26 《柳浪闻莺》（明 齐民画作）

图7-27 《柳浪闻莺》（清 沈德潜 《西湖志纂》刻录）

图7-28 《柳浪闻莺》（民国时期老照片）

图7-29 《柳浪闻莺》（2006年摄）

143

图7-30　《三潭印月》（明　齐民画作）

图7-31　《三潭印月》（清　沈德潜　《西湖志纂》刻录）

图7-32　《三潭印月》（民国时期老照片）

图7-33　《三潭印月》（2006年摄）

图7-34 《双峰插云》（明 齐民画作）

图7-35 《双峰插云》（清 沈德潜 《西湖志纂》刻录）

图7-36　《双峰插云》（民国时期老照片）

图7-37　《双峰插云》（2006年摄）

图7-38　《雷峰夕照》（明　齐民画作）

图7-39　《雷峰西照》（清　沈德潜　《西湖志纂》刻录）

图7-40 《雷峰夕照》（民国时期老照片）

图7-41 《雷峰夕照》（2006年摄）

图7-42　《南屏晚钟》（明　齐民画作）

图7-43　《南屏晚钟》（清　沈德潜　《西湖志纂》刻录）

图7-44　《南屏晚钟御碑亭》（民国时期老照片）

图7-45　《净慈寺》（2006年摄）

第八章 西湖景观审美形象构建

西湖是历史上最能体现中国传统文化核心价值的审美实体之一，也是东方审美体系中最具经典性的文化景观。事实上，唐宋时期杭州西湖的山水景致已逐渐成为了文学艺术创作的母题。自唐代始，众多文人高士纷纷游历西湖，留下了繁多赞叹西湖山水景观风物的优美文学作品。与此同时，以"西湖十景"为核心的景观体系逐渐完善，并且通过绘画、版画等形式不断传播。南宋以降，由于杭州商贸经济的繁荣，西湖景观的形象通过旅游宣传、工艺美术以及瓷器画、丝绸图等形式不断向外传播，形成了文化意义上公认的"人间天堂"。

第一节 诗化景观

白居易是最早以"西湖"[1]为名进行诗歌创作的，同时他也是最早发掘西湖之美的诗人之一。当然，西湖景观的文化积淀之深厚首先在于其多样性。因为审美主体对不同景物的欣赏，或是同一景观被不同的主体所欣赏，所呈现的西湖形象形态迥异，体现其和而不同的包容性，从而赋予西湖不同的生命形象、人文价值和审美特征。

---

[1] 白居易《西湖晚归回望孤山寺赠诸客》《西湖留别》等诗词中提到"西湖"，被认为是已知最早提出"西湖"命名的记载。

比如，在白居易眼中生动而明艳的西湖，承载着世俗的悠闲与快乐：

> 孤山寺北贾亭西，水面初平云脚低。
>
> 几处早莺争暖树，谁家新燕啄春泥。
>
> 乱花渐欲迷人眼，浅草才能没马蹄。
>
> 最爱湖东行不足，绿杨阴里白沙堤。[1]

而在"梅妻鹤子"的林逋眼中，西湖是安静而脱俗的：

> 底处凭阑思眇然，孤山塔后阁西偏。
>
> 阴沉画轴林间寺，零落棋枰葑上田。
>
> 秋景有时飞独鸟，夕阳无事起寒烟。
>
> 迟留更爱吾庐近，只待重来看雪天。[2]

在唐代，白居易、宋之问、元稹、刘禹锡、李绅、张祜、储光羲等一批诗人，通过诗情画意、情景交融的诗歌创作发掘西湖"画"的本质，如"竹吹留歌扇，莲香入舞衣"（储光羲《同武平一员外游湖》），"楼台耸碧岑，一径入湖心"[3]（张祜《题杭州孤山寺》）等。而在宋代，许多文化名流与官员纷纷游赏西湖，并赋诗称赞，如潘阆、林逋、柳永、王安石、范仲淹、苏轼、苏颂、秦观、杨万里等都曾赋诗文赞扬西湖美景，如"疏影横斜水清浅，暗香浮动月黄昏"[4]（林逋《山园小梅》），"长忆钱塘，不是人寰是天上。万家掩映翠微间，处处水潺潺"[5]（潘阆《酒泉子》），"接

[1] 白居易：《白居易诗集校注》卷第二十，谢思炜校注，中华书局，2006年，第1621-1622页。

[2] 林逋：《林和靖集》，沈幼徵校注，浙江古籍出版社，2012年，第72-73页。

[3] 张祜：《张祜诗集校注》卷三，尹占华校注，巴蜀书社，2000年，第117页。

[4] 林逋：《林和靖集》，沈幼徵校注，浙江古籍出版社，2012年，第87页。

[5] 唐圭璋：《全宋词》，中华书局，1965年，第5页。

天莲叶无穷碧，映日荷花别样红"[1]（杨万里《晓出净慈寺送林子方》），
等等。

在范仲淹、苏轼等士大夫诗人眼中，西湖又多了更浓厚的人文气息和
文化品格。尤其是苏轼，将其敏锐观察的"雨西湖""夜西湖"描写得淋
漓尽致，颇有人格化的意味，呈现出一种放达、超逸、清雅的意境。

对于"西湖梦"形象的构建影响最大的要数白居易、苏轼两位主政官员。
白居易在杭州主政三年，写诗百余首；苏轼两度任职杭州，关于西湖诗词
的数量超过了白居易。苏轼诗词几乎涉及了所有的西湖文化景观，以至于
清代浙江巡抚阮元曾赞苏东坡"西湖之景甲天下，惟公能识西湖全"[2]。

首先，白、苏二氏诗化了西湖"人间天堂"的形象。白苏两家的山水
诗歌，因其超卓的才情和极高的审美力，往往能发现西湖千姿百态的美。
如白居易写西湖的四季，除了著名的《钱塘湖春行》之外，《杭州春望》
中的西湖美景也引人入胜：

> 望海楼明照曙霞，护江堤白踏晴沙。
>
> 涛声夜入伍员庙，柳色春藏苏小家。
>
> 红袖织绫夸柿蒂，青旗沽酒趁梨花。
>
> 谁开湖寺西南路，草绿裙腰一道斜。[3]

再看其赞美夏天的西湖的诗句：

> 柳湖松岛莲花寺，晚动归桡出道场。
>
> 卢橘子低山雨重，栟榈叶战水风凉。
>
> 烟波澹荡摇空碧，楼殿参差倚夕阳。

---

[1] 杨万里：《杨万里集笺校》，辛更儒笺校，中华书局，2007 年，第 25 页。

[2] 阮元：《揅经室集》，邓经元点校，中华书局，1935 年，第 815 页。

[3] 白居易：《白居易诗集校注》，谢思炜校注，中华书局，2006 年，第 1623 页。

到岸请君回首望，蓬莱宫在海中央。[1]

写秋天的西湖则有《湖亭晚归》：

> 尽日湖亭卧，心闲事亦稀。
>
> 起因残醉醒，坐待晚凉归。
>
> 松雨飘藤帽，江风透葛衣。
>
> 柳堤行不厌，沙软絮霏霏。[2]

写冬天的西湖更有《雪中即事答微之》，姑录前两联如下：

> 连夜江云黄惨澹，平明山雪白模糊。
>
> 银河沙涨三千里，梅岭花排一万株。[3]

简而言之，白居易将春夏秋冬四时变化中西湖迷人的风韵与明艳生动的风光描写得淋漓尽致。

苏轼全方位发掘了西湖的变幻迷离之景，其笔下西湖春夏秋冬、阴晴雪雨、晨昏午夜各有不同的美，或优美、或绝色、或奇观、或清淡，令人妙赞不绝。他热衷于探寻西湖的变幻迷离之景，常常荡舟西湖之上，有时作竟夜之游，因而能看到常人难得一见的景观。

关于夜游西湖，他在《夜泛西湖五绝》之四中写道：

> 菰蒲无边水茫茫，荷花夜开风露香。
>
> 渐见灯明出远寺，更待月黑看湖光。[4]

关于雨西湖，《六月二十七日望湖楼醉书》写道：

[1] 白居易：《白居易诗集校注》，谢思炜校注，中华书局，2006 年，第 1621 页。
[2] 白居易：《白居易诗集校注》，谢思炜校注，中华书局，2006 年，第 1625 页。
[3] 白居易：《白居易诗集校注》，谢思炜校注，中华书局，2006 年，第 1805 页。
[4] 苏轼：《苏轼诗集》，王文诰辑注，孔凡礼校点，中华书局，1982 年，第 353 页。

> 黑云翻墨未遮山，白雨跳珠乱入船。
>
> 卷地风来忽吹散，望湖楼下水如天。[1]

天水交融的一瞬间，西湖山水的迷蒙与变幻仿佛世外桃源。其中，最能表达西湖之美的是《饮湖上初晴后雨》：

> 水光潋滟晴方好，山色空蒙雨亦奇。
>
> 欲把西湖比西子，淡妆浓抹总相宜。[2]

"相宜"意味着和谐之美，这是对西湖审美之精华的高度凝练。

白居易在诗歌中将西湖比作美女，以女性形象和女性服饰比拟西湖之美，挖掘西湖所具有的女性柔美的审美意境，孕育了西湖典型的女性美的形象、特征与意境，潜移默化中，在人们的集体无意识记忆中形成了西湖如美女、似佳人般绮艳温柔的印象。[3]苏轼的"西子之喻"则是西湖美的最经典诠释。西湖由此形成了"美人湖"形象，后世咏颂西湖的诗词中常出现与女性相关的发髻、妆容、表情等意象。因而，个体审美体验的记载，作为记忆储存媒介，在传播中就形成了审美体验的共享，那些易于产生共鸣的景观和情感，在不断重复地传诵与创新中，转化为共同的记忆，因而产生了媒介记忆公共性。

其次，白、苏二氏塑造了西湖"精神栖居"的功能。他们的诗词之所以能赋予西湖景观以无穷的魅力，其根本还在于白居易、苏轼的内在思想、才学与人格精神。由于古代实行流官制度，走上仕途就意味着远离家乡。从仕途而言，白、苏二氏均颇为坎坷，屡遭贬谪，宦游四方。苏轼为杭州

---

[1] 苏轼：《苏轼诗集》，王文诰辑注，孔凡礼校点，中华书局，1982年，第339页。

[2] 苏轼：《苏轼诗集》，王文诰辑注，孔凡礼校点，中华书局，1982年，第430页。

[3] 庞学铨：《品味西湖三十景》，杭州出版社，2013年，第4页。

通判时，曾发出"湖上四时看不足，惟有人生飘若浮"[1]（《和蔡准郎中见邀游西湖三首》）的感叹。相比于其他地方，西湖的一池山水包容"仕"与"隐"两种生活状态，使他们获得从未有过的心灵安宁，苏轼更是呼出"我本无家更安往，故乡无此好湖山"[2]（《六月二十七日望湖楼醉书五首》）的喟叹。

　　西湖是白居易心中隐秘的天堂和快乐的源泉。他在《寄题余杭郡楼兼呈裴使君》中写道：

> 官历二十政，宦游三十秋。
>
> 江山与风月，最忆是杭州。
>
> 北郭沙堤尾，西湖石岸头。
>
> 绿觞春送客，红烛夜回舟。
>
> 不敢言遗爱，空知念旧游。
>
> 凭君吟此句，题向望涛楼。[3]

只可惜"皇恩只许住三年"，在离开杭州的时候，他的心中满是留恋。他在《西湖留别》中渲染了这种离别不舍的情绪：

> 征途行色惨风烟，祖帐离声咽管弦。
>
> 翠黛不须留五马，皇恩只许住三年。
>
> 绿藤阴下铺歌席，红藕花中泊妓船。
>
> 处处回头尽堪恋，就中难别是湖边。[4]

　　于是，白居易便常在梦中追忆他灵魂的家园和心灵的故乡——西湖：

---

[1]　苏轼：《苏轼诗集》，王文诰辑注，孔凡礼校点，中华书局，1982年，第337页。

[2]　苏轼：《苏轼诗集》，王文诰辑注，孔凡礼校点，中华书局，1982年，第341页。

[3]　白居易：《白居易诗集校注》，谢思炜校注，中华书局，2006年，第2762页。

[4]　白居易：《白居易诗集校注》，谢思炜校注，中华书局，2006年，第1828页。

> 湖上春张似画图，乱峰围绕水平铺。
>
> 松排山面千重翠，月点波心一颗珠。
>
> 碧毯线头抽早稻，青罗裙带展新蒲。
>
> 未能抛得杭州去，一半勾留是此湖。[1]

晚年在洛阳写下的《忆江南》（其二），可谓是他在暮年时期对人间天堂最美好的回忆：

> 江南忆，最忆是杭州；
>
> 山寺月中寻桂子，郡亭枕上看潮头。
>
> 何日更重游？[2]

由此，西湖成为了白居易形而上意义的故乡，并作为精神栖居地的象征。在这里西湖不再仅仅是一片风景，而成为文人墨客共同的叙事情节。"西湖梦"也由此成为历代文人精神之皈依。

最后，白、苏二氏诠释了"禅俗和谐"的完美生活。立身于现实而又超越于现实，这是白、苏诗词中西湖景观带给人们的哲思要义。无论是白居易还是苏东坡，在杭州任职的几年都是人生中最快意的时光。他们一方面尽职履责，处理作为主政官员的行政事务，特别"治理西湖"是他们最引以为傲的在杭功绩；另一方面作为文人，他们寄情山水、访禅悟道，获得精神上的满足和心灵上的抚慰，享受了人生的至乐。这里是他们人生哲学的实践场，儒释道三种精神在此杂糅，是"禅"与"俗"之间最为妥帖的转化之地。

"为民请命"疏浚西湖、治理水系，自然是儒家"仁政"的大道，远离权力中心反而让他们有了全心全意为百姓谋利的契机。悠游山水、饮酒

---

[1] 白居易：《白居易诗集校注》，谢思炜校注，中华书局，2006年，第1534页。

[2] 白居易：《白居易诗集校注》，谢思炜校注，中华书局，2006年，第2513页。

作乐，拥抱俗世的繁华，享受"山寺月中寻桂子，郡亭枕上看潮头"的悠闲与惬意人生，简直是世俗完美生活的写照。当然，作为融汇儒释道精神的大儒，白、苏二氏诗词影响最深的恐怕是禅宗思想。二人均受南禅宗的影响，洪州禅"自心即佛""平常心是道"的教义，"所作所为皆是佛性全体之用"，几乎消弭了众生妄心与清净佛性之间的凡圣区别。[1]因此，白、苏诗词中还多体现了随缘自适、"即人即佛"、"人皆可尧舜"的平等观，对现实人生和不同阶层的民众都一视同仁。这在苏轼的《怀西湖寄晁美叔同年》中有所阐释：

> 西湖天下景，游者无愚贤。
> 深浅随所得，谁能识其全。[2]

西湖景观向来是开放的，无论"贤达""愚穷"均可以享受西湖美景，收获一份属于自己当下的"所得"。当诗人在西湖山水乘船观月之时，景观就是载体，依托这一载体便找到了属于自己的人生之梦。人性与佛性在此重叠，当下既是俗事之快乐也是佛事之超脱。这种将此岸世界与超越境界合二为一的一元论思想，也体现在白、苏二氏乐观、旷达而又平和的人生态度上：积极发现生活中的美，在俗世中寻找雅趣。他们的人格魅力融汇在西湖诗词中，使得西湖也随之人格化，充满生命的豪情与活力。

第二节　媒介记忆

西湖"乌托邦"的形象是以多种媒介记忆的方式，广泛存在于文学艺

---

[1] 徐承：《西湖景观美学与佛教》，团结出版社，2010年，第45页。
[2] 苏轼：《苏轼诗集》，王文诰辑注，孔凡礼校点，中华书局，1982年，第644页。

术作品中。南宋繁盛时期的西湖"乌托邦"形象，通过世代文人的诗词题咏和图写描绘两种艺术形式而进行演绎传播。如果说"西湖梦"的文化模型是对西湖"乌托邦"的诗性表达，那么这种乌托邦的形象就是通过媒介记忆构建的"想象的共同体"。

　　文化媒介记忆是构建文化认同的重要手段。滕尼斯认为，"记忆发挥着感激和忠诚的作用，是联结共同体的纽带"，"任何社会秩序下的参与者必须具备有一个共同的记忆"。[1] 人们并不是通过现在而体验和认识现在，"我们在一个与过去的事件和事物有因果联系的脉络中体验现在的世界，从而，当我们体验现在的时候，会参照我们未曾体验的事件和事物"[2]。而要构建这种文化认同，就需要一种文化空间和文化的"想象的共同体"的营造。

　　安德森指出："原本可能难以或根本无法交谈的人们，通过印刷字体和纸张的中介，变得能够相互理解了。"[3] 他同时指出："一个民族的历史文献、神话传说、图腾仪式、文学、语言、教育、媒体等特定的话语体制或象征符号是建构与维系一个民族共同的生活方式与行为规范，促使人们形成统一的民族归属感与认同感的重要资本与手段。"[4]

　　西湖不仅是文人墨客舒展诗意人生的空间场所和灵感来源，而且成为他们艺术创作的重要题材。周密在《清平乐·横玉亭秋倚》词中感叹：

---

　　[1]　转引自保罗·康纳顿：《社会如何记忆》，纳日碧力戈译，上海人民出版社，2000年，第2页。

　　[2]　保罗·康纳顿：《社会如何记忆》，纳日碧力戈译，上海人民出版社，2000年，第2页。

　　[3]　本尼迪克特·安德森：《想象的共同体：民族主义的起源与散布》，吴叡人译，上海人民出版社，2005年，第43页。

　　[4]　本尼迪克特·安德森：《想象的共同体：民族主义的起源与散布》，吴叡人译，上海人民出版社，2005年，第43页。

诗情画意，只在阑干外。

雨露天低生爽气，一片吴山越水。

宫烟醉柳春晴。海风洗月秋明。

唤取九霞飞佩，夜凉跨鹤吹笙。[1]

纵观历史，有关西湖的文学作品数量十分庞大，仅《全唐诗》及《全唐诗补编》中收入的唐代西湖诗就有 300 余首，作者达 100 余人，而《全宋词》中收入宋代西湖词则有 1000 余首，作者 200 余人。元代杨维桢将 120 人的西湖唱和辑成《西湖竹枝集》，包括他自己的九首，共 180 首诗。这些作品朗朗上口，雅俗共赏，比传统的文人诗作流传更为广泛。

英国文化地理学家迈克·克朗认为，文学作品可以深刻地影响人们对于一个地方的了解和认识，因为"文学作品不能简单地被视为对某些地区和地点的描述，许多时候是文学作品帮助创造了这些地方……这很好理解，因为人们对不同地方的了解通过各种媒介，因此，多数人的了解是在亲眼所见之前就已经形成……文学和其他新的媒体一起深刻影响着人们对地理的理解"[2]。可以说，西湖"乌托邦"梦境化的审美形象塑造，与文学作品的创作是密切相关的。

从文学创作的内容来看，主要可分为两个方面，一是"雅化"西湖，由文学艺术修养较高或者艺术造诣深厚的官宦与士族创作，其内容更多关于西湖美景书写以及个人情感抒发，往往在诗歌、词作、游记等文体中出现。西湖文人雅集和诗词唱和是其传播的重要路径。以欧阳修的《有美堂记》为例，尽管欧阳修并未到西湖游赏，但通过其他文人诗词的传播，加上自己丰富的想象力，使文中所描述的景观让人仿佛身临其境。朱熹《晦

---

[1] 唐圭璋：《全宋词》，中华书局，1965 年，第 3281 页。

[2] 迈克·克朗：《文化地理学》，杨淑华、宋慧敏译，南京大学出版社，2005 年，第 44 页。

庵先生文集》卷七一记载：

> 梅龙图挚知杭州，作有美堂，最得登临佳处，公为之作记。人谓公未尝至杭，而所记如目览。坐堂上者，使之为记，未必能如是之详也。[1]

的确如此，欧阳修并未实地游览西湖登临有美堂，但他在《有美堂记》中写道：

> 独所谓有美堂者，山水登临之美，人物邑居之繁，一寓目而尽得之。盖钱塘兼有天下之美，而斯堂者又尽得钱塘之美焉，宜乎公之甚爱而难忘也。[2]

短短几句话将有美堂的地理位置和城市繁华景象呈现出来。根据历史记载，正是因为有宋仁宗"地有湖山美，东南第一州"的诗句印象，再加上老友梅挚对于杭州湖光山色、风俗人情的细节描述，才有了欧阳修笔下构建出的山水秀丽、极尽繁华的有美堂景观形象。

另外，在明代文人地理志以及游记小品文中，大量优美的语言描写，塑造了百姓对西湖的地理观念。如田汝成《西湖游览志余》、张岱《西湖梦寻》等作品，营造了既真实又梦幻的西湖景观世界。

二是"俗化"西湖。俗化在这里指的是"大众化""平民化"的趋势。南宋时期，随着宋室南迁与城市经济的兴盛，市民阶层崛起，促使城市商业娱乐功能衍生的新阶层在人数上占了城市人口的多数，他们的喜好和日常生活亦与上层人士（士大夫、贵族和官员）明显不同，从而产生了大众性的城市空间和文化娱乐方式，如话本、杂剧、小说、曲艺、戏剧等便因

---

[1] 曾枣庄、刘琳：《全宋文》，上海辞书出版社，2006 年，第 305 页。
[2] 欧阳修：《欧阳修全集》，李逸安点校，中华书局，2001 年，第 585 页。

市民需要而产生和发展，并影响到士大夫的城居生活。士大夫的城居生活与市民阶层的精神文化需求渐趋一致，掀开了以"官僚士大夫为主体的士人社会向普通居民为主体的市民社会过渡"[1]的城市文明演变，市民文化在皇家"与民同乐"思想的推动下蓬勃发展起来。由此，大众化的文艺创作也十分活跃。

南宋至元代是西湖小说的一个兴盛期，诞生了《西湖三塔记》《裴秀娘夜游西湖记》《钱塘佳梦》《喜乐和顺记》《金鳗记》《西山一窟鬼》等大批名作。为了满足南渡移民的娱乐生活和精神需求，加上南迁的说话艺人也需要重操旧业来谋取生计，瓦舍于是在杭州应运而生。《西湖老人繁胜录》《都城纪胜》《梦粱录》《武林旧事》《醉翁谈录》等南宋至元初的文献详细记载了杭州的瓦舍盛况、说话艺人与具体名目。[2]

明末清初是西湖小说的又一个兴盛期，主要的小说家有周清原、陆云龙、陆人龙、自号"湖上笠翁"的李渔、自号"西湖鸥吏"的丁耀亢、古吴墨浪子等。李渔在顺治七年（1650）举家从兰溪经钱塘江、贴沙河移居西湖畔，此后创作了《无声戏》《十二楼》等作品。经数次移居，最终迁回杭州，终老西湖。丁耀亢于顺治十七年（1660），经江南运河来到杭州并创作了《续金瓶梅》。古吴墨浪子也创作了关于西湖的经典作品《西湖佳话》。正是这些小说家们，用他们巧妙的构思与精美的文笔为西湖小说的繁荣及西湖文化景观的传播作出了杰出贡献。[3]

小说的创作会改变景观原有的意义，如断桥原是游览西湖的第一站点，但在清代初年戏曲家黄图珌所编的《雷峰塔传奇》中却成为白蛇传说戏曲

---

[1]　宁欣：《从士人社会到市民社会——以都城社会的考察为中心》，《文史哲》2009 年第 6 期，第 104-110 页。

[2]　胡海义：《运河与西湖小说兴起的四重空间》，《中国文化研究》2019 年第 3 期，第 77-88 页。

[3]　陈丽茹：《明清西湖小说中的地域文化研究》，延边大学博士学位论文，2017 年，第 5-7 页。

里许仙与白娘子相遇的重要场景。随着《雷峰塔传奇》戏曲故事的传播，断桥也逐渐化身为代表爱情的符号地标。

除文学作品之外，图像作为媒介对于地理观念建构也发挥着极为重要的作用。我们对于国家的地理观念，是通过文学的、新闻的、图像的地理书籍和文史作品构建起来的，媒介帮我们建构起来一个"虚拟的实体"[1]。文图学认为通过史志、文学、图像等各种媒介可以构建文化认同。而这种文化认同对现实境遇具有超越性，即"认同对象不仅和主体所处的情境和场域的当下性、显在性、直接性发生融合，也指向主体现实境遇中非当下、非显在、非直接的'不在场'层面。这种对现实的超越使得对主流的文化认同的建构不仅仅是一个经济、政治或文化问题，而且还是一个诗学与审美的问题"[2]。

两宋时期，西湖绘画的形式除了著名的题名景观外，全景图也开始兴盛。南宋李嵩（1166—1243）的《西湖图卷》（见图 8-1）是目前留存最早的展现西湖全景的绘画。此图采取鸟瞰式构图的视角，湖面占据画面中心，湖中分布大小船舫，孤山、白堤、苏堤、雷峰塔等景观清晰可辨。但从构图分析，都市繁华的建筑仅占极小的画面，处于湖的边缘地带；而湖面大量留白，远山虚化，近山迷蒙，从而营造了一种仙境之地的氛围。

《西湖清趣图》[3]（见图 8-2）则以更加写实的手法，再现了南宋时期西湖的繁华之境。《西湖清趣图》是长 1581.1 厘米、高 32.9 厘米的长卷，

---

[1] 邵培仁、潘祥辉：《论媒介地理学的发展历程与学科建构》，《徐州师范大学学报（哲学社会科学版）》2006 年第 1 期，第 132 页。

[2] 徐翔：《文化认同建构中的超越性》，《长春市委党校学报》2011 年第 4 期，第 27-31 页。

[3] 经考证，《西湖清趣图》许多细节与南宋时的记录相吻合，其中全图部分甚至考证为咸淳三年绘制。参见郑嘉励：《"西湖清趣图"所绘为宋末之西湖》，《杭州文博》2014 年第 1 期，12-17 页；陈珲：《"西湖清趣图"为南宋院画考》，《杭州文博》2014 年第 1 期，第 18-21 页。

图8-1　李嵩《西湖图卷》（水墨纸本，26.7cm×85cm，现藏于上海博物馆）

整体以西湖为中心，自钱塘门开始，经断桥、孤山、苏堤、雷峰塔等地逆时针绕湖一周，最后至钱塘门结束。画中所描绘的城市繁华程度与《梦粱录》所记载的南宋杭州西湖"贵宅宦舍，列亭馆于水堤；梵刹琳宫，布殿阁于湖山"[1]的盛景，形成了互证。

到南宋时期，西湖诗、画、景之间出现了互促互融的局面，无论是实体景观的造园艺术还是诗词绘画的艺术表现，均已达到极高的艺术水准。杭州为南宋时期的政治经济文化中心，其繁华程度在《西湖游览志余》《武林旧事》《都城纪胜》《梦粱录》等古文献中均有记载。在皇家"与民同乐"的宽松政治氛围与极高的审美趣味的引导下，此时的西湖山水呈现出中国山水画的典型审美特性——朦胧、含蓄与诗意，契合东方美学最经典的审美理念"诗情画意"。西湖景观形象既是立足于现实的实景创作，更是精神层面繁盛的表征。这种物质与精神层面双重繁荣的情形，构成了西湖"乌托邦"的最初印象，并通过文学艺术演绎进而成为历代文人的梦中之湖。

---

[1]　吴自牧：《西湖》，《梦粱录》卷一二，浙江人民出版社，1980年，第39页。

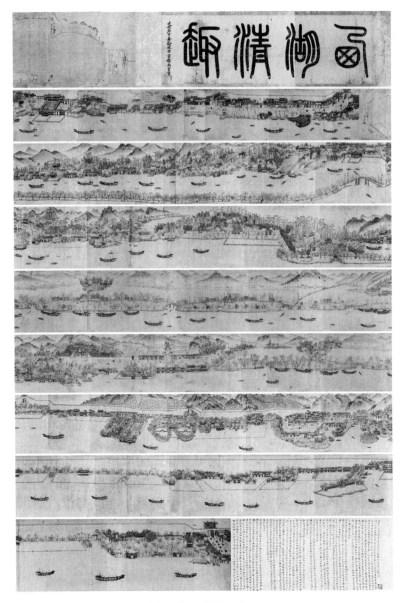

图8-2　佚名《西湖清趣图》（水墨纸本，32.9cm×1581.1cm，
现藏美国华盛顿福瑞尔美术馆）

第三节　康乾"圣境"

学者石守谦指出："由于人们使用各种文化手段赋予了超乎外表形体的意涵，'胜景'就逐渐转化成某种程度的'圣境'，超越了它原本的表现形式，而产生新层次的精神价值。"[1] 毋庸置疑，"西湖十景"具有"圣境"属性。

在清代，由于帝王政治审美的需要，"西湖十景"的"圣境化"效应得到放大。换言之，清代《西湖十景图》景观信息的标识及对御书碑亭的强调，使得有文化意象的"西湖十景""圣境"敷染上皇家色彩，成为一种兼具文心与皇权圣意的"圣境"。[2] 那么这种带有政治意味的西湖"圣境"所要表达的是什么，又是怎么呈现出来的呢？

首先，清代"西湖十景"再度繁荣，西湖也基本恢复了南宋时期的"盛景"。清代西湖景观的再次繁荣，与康、雍、乾三代皇帝的态度有关。康、雍、乾三代均钟爱西湖，康熙下江南曾五次到杭州西湖，分别是康熙二十八年（1689）、康熙三十八年（1699）、康熙四十二年（1703）、康熙四十四年（1705）、康熙四十六年（1707）；乾隆帝六下江南都到过杭州，即乾隆十六年（1751）、乾隆二十二年（1757）、乾隆二十七年（1762）、乾隆三十年（1765）、乾隆四十五年（1780）、乾隆四十九年（1784），其间下达了不许再行侵占西湖的禁令。

雍正虽未至杭州南巡，却推动了清代二百六十多年间对西湖最大的一次整治，时任浙江巡抚的李卫及浙江盐驿道副使王钧于雍正二年（1724）—雍正四年（1726）全面整治了西湖，使之恢复了宋时景观。据翟灏、崔瀚

---

[1]　石守谦：《移动的桃花源：东亚世界中的山水画》，生活·读书·新知三联书店，2015年，第12页。

[2]　岳立松：《清代西湖十景图的"圣境"展现与空间政治》，《北京社会科学》2016年第12期，第34-40页。

《湖山便览》一书记载，此时西湖游览景点增加到 1016 处（见图 8-3）。围绕康、乾南巡，地方官员重建了孤山行宫，恢复"西湖十景"并开辟了其他新景点，西湖再现欣欣向荣的人间天堂形象。据《西湖志》记载："雍正二年奉旨开浚西湖，增培堤岸，补植桃柳。八年，总督臣李卫以亭隘不称观瞻，改建岑楼，构曙霞亭于后。"[1] 可以说，清代这次大规模的西湖治理不仅修复了西湖生态环境，恢复了湖体自然生机，而且推动了景观建设，增强了西湖游赏内涵。

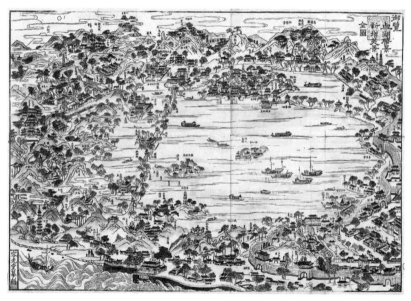

图8-3 《御览西湖胜景新增美景全图》

其次，通过"御制碑亭"，确定了"西湖十景"的具体位置和观看视角。清陈文述《西泠怀古集》卷六指出："康熙中，圣祖南巡，亲洒宸翰，十

---

[1] 李卫：《西湖志序》，《西湖文献集成》第 4 册，杭州出版社，2004 年，第 2 页。

景之名始定。"[1]康熙"十景"题名分别为苏堤春晓、柳浪闻莺、花港观鱼、曲院风荷、双峰插云、雷峰西照、三潭印月、平湖秋月、南屏晓钟、断桥残雪。其顺序与部分景观的题名已不同于南宋时期。自此，"西湖十景"从史志记载发展成为景点标志，而乾隆南巡赋诗镌刻于景碑阴面，更使十景之名以实景实地的形式固定并盛名远播。御书碑亭确立了西湖景观的最佳地点与观赏位置，作为画作的重点，御书碑亭作为中景，处于西湖与群山的前后景中，在整个画面的中心位置，完全将视觉焦点凝聚于其身，确立起了它的中心地位，在"西湖十景"文化意象的演绎中发挥着主导性作用，使"西湖十景"这一历史文化景观烙刻上皇权印迹。[2]

再次，应制《西湖十景图》呈现"盛世圣境"的政治景观。"盛世圣境"带有"乌托邦"性质，因为在帝皇的眼中，"西湖"代表着天下，"西湖十景"所呈现的一派祥和的湖山佳境，是大清帝国繁盛气象的象征，自然带有"政通人和"的政治隐喻，而且这种"盛世圣境"经过时间的积淀，其集体认知和文化意象已广为接受。围绕康、乾二帝的南巡，众多文人画家以及宫廷画家创作了大量的西湖应制图画，包括康熙时的王原祁，乾隆时的董邦达、董诰、钱维城、关槐等人；而宫廷画家之中，康熙时的焦秉贞、金昆，乾隆时张宗苍、张若澄、张廷彦、王炳、戴衢亨、张雨森、金廷标等人也都奉诏画过形式多样的西湖图，其参与人数之众多，或许不在南宋院画家之下；至于其流存画作之多，则远远超过其他朝代，可谓极一时之盛。[3]其中最为著名的是王原祁《西湖十景图》（见图8-4）和董邦达所绘的《西湖十景图》（见图8-5）。

[1]　杨清华、徐吉军：《论杭州西湖十景的形成及其特色》，《浙江旅游职业学院学报》2014年第1期，第6页。

[2]　岳立松：《清代西湖十景图的"圣境"展现与空间政治》，《北京社会科学》2016年第12期，第38页。

[3]　王双阳、吴敢：《文人趣味与应制图式　清代的西湖十景图》，《新美术》2015年第7期，第48-54页。

图8-4　王原祁《西湖十景图》（绢本设色，62cm×656.5cm，藏于辽宁省博物馆）

从两幅长卷来看，环湖的山水风景以平面铺衍的形式呈现，对"西湖十景"及其他景观名称有明确标识，"有意借图经之形式以强化胜景真实存在之说服力"[1]。随着长卷缓缓打开，图绘形构出真实的空间体验呼之欲出，强化了身临其境的现世"乌托邦"。

《西湖十景图》的创作首先是为了满足帝王钟爱西湖山水的"卧游"之需，也是因西湖之闻名、西湖治理工程推进的导览求证之用。徐复观在评价董邦达的《西湖十景图》时写道："邦达籍富春，杭州乃其出入必经之地。其作此图，意在使乾隆先得卧游之乐，故其模山范水，力求逼真；而选胜搜奇，尤贵挹其精英，发其神髓。"[2]

在清代，经康熙帝的钦定、乾隆帝的反复题诗吟咏以及以董邦达为首

---

[1] 石守谦：《移动的桃花源：东亚世界中的山水画》，生活·读书·新知三联书店，2021年，第98页。

[2] 徐复观：《论艺术》，九州出版社，2014年，第331页。

图8-5　董邦达《西湖十景图》（水墨纸本，62cm×656.5cm，
藏于辽宁省博物馆）

的众多应制画家的反复摹写，西湖景观形象终于达到了全面兴盛的阶段，成为无可替代的"盛世圣境"的"乌托邦"象征。可以说，康、乾二帝相继品题"西湖十景"，促使西湖风景以程式化的意象形式，通过各种图文形成的印刷品，如导游书、十景图、西湖游览地图等的印制发行，在民间广泛传播，产生了极大的影响。

第四节　媒介传播

印刷技术的进步推动了西湖景观的传播。北宋时期，雕版印刷迅速发展，中央和地方政府以及私人书坊、寺院、书院等都兴起了书籍印刷。随着宋室南迁，无论是国子监的刊本还是坊刻书、私家刻书，雕版印刷都超越前代，著名的刻坊有临安府棚北大街睦亲坊南陈解元宅书籍铺等二十余家。[1]元代，杭州仍然是全国的出版中心，元杂剧中有不少西湖题材的版画。到明代，民间书坊为谋取商业利润，不仅刊印全方位介绍西湖景观与历史人文的书籍，而且有意识地花重金敦请蓝瑛、陈洪绶、项南洲、刘素明、黄应光、黄建中等声名卓著的画家和刻工参与图书的插图制作，大大提升了插图艺术水准，由此形成了明代西湖版画插图的"黄金盛况"[2]。清代延续了明代出版的繁荣姿态，然而随着清末西洋彩色石印和铅印技术的传入并广泛使用，传统雕版印刷逐渐退出了历史舞台。

西湖全景图的版画印制，在官方史志和民间刻本中广为流传，形成了"西湖梦"的媒介记忆，因而获得了更广泛的认同。一方面，官方史志中的西湖全景图经历了地理堪舆、治水政绩、帝王圣境、旅游导览等不同意

---

[1] 潘志良：《西湖古版画》，杭州出版社，2020年，第7-10页。
[2] 潘志良：《西湖古版画》，杭州出版社，2020年，第12页。

图影响下的刻制，并通过图文并茂形式呈现，带有一定的政治性特征；另一方面，在民间版画作坊中，因其导览、指示和服务旅游商业的功能，更强调其整体上的胜景形象、游览路径和山水意境。虽然民间刻制西湖全景图多有模仿官方方志中的图像，但由于制作的意图不同而进行了二次创作，总体上更为强调艺术性。特别是专业画师队伍参与刻板图像创作，进一步强化了西湖十景图的审美价值。导览性功能与艺术性审美的两重性并置，也使得这种图文并茂的写实形象画法在清代得到极大普及。

南宋《咸淳临安志》将京城、皇城、府署、名胜等处一一考辨记录，并辅以地图参照，因而方志中的西湖全景图从一开始就有了官绘的痕迹。以《西湖图》为例，该图以西湖为中心，采用上西下东，左南右北的布局，用鸟瞰图的方式和中国画的山水写景法描绘了西湖的全景。该图以水网为主，湖山景观为辅，地图周边政区、河道、道路附以图说标注，既表达了对水系的重视，又强调了境域分界。图中所示景物的相关位置基本上与实景相对应，六和塔、断桥、岳庙、雷峰塔、苏堤、白堤等山水风景、亭台建筑表现得恰到好处。[1]

杭州方志和记录西湖自然人文历史的专志，都保留了不同版本的西湖全景图。嘉靖年间辑著《西湖游览志余》中的"宋朝西湖图""今朝西湖图"，万历年间纂修《杭州府志》中的"西湖图"和《西湖志类钞》中的"湖山一览图"，是明代西湖全景图的代表。从表现内容来看，明代创作的西湖全景图，大致可以分为示意图和胜景图两类。例如，"今朝西湖图"是具有明确导览性质的实用指示地图。其景观描绘按照游览叙事逻辑顺序，重点表现湖山景观、水系分布以及景观交通，淡化衙署、军队和境域分界等堪舆信息。而《三才图会》中的"西湖图"、《西湖游览志余》中的"今

---

[1]　潘志良：《西湖古版画》，杭州出版社，2020年，第12页。

朝西湖图"、《天下名胜概记》中的"西湖全景"等则更注重表现西湖的景观，是写实的手法结合山水画的"三远"法所表现的胜景图。

到清代，由于康、乾帝王南巡多次临幸西湖，使得西湖景观被赋予了浓重的政治意图。与此同时，应制而作的西湖全景图成为官方绘图的主流。宫廷画师、官宦名臣聚焦西湖，修湖志、写诗词、作书画。这些作品不但记录了西湖山水，还歌颂了治世繁华。[1] 从图形上看，清代已不再有明代的示意图与胜景图的区分，而整体上风格趋同，形成"盛世胜景"的总体印象。为凸显这种印象，官绘西湖全图一直试图追求写实与写意之间的平衡，一方面确保描绘西湖风光的真实性；另一方面又增强山水画意境的营造，以便于颂扬盛世胜景。

比较康熙《浙江通志》（见图8-6）、雍正《浙江通志》（见图8-7）和《西湖志》、乾隆《西湖志纂》（见图8-8）中的西湖图可见，画面都凸显了湖面上的湖心三岛和苏、白二堤的空间结构，采用一图配一说的方式呈现"西湖十景"相关的胜景图（见图8-9）。因纂修图像的政治意图，多以帝王御览的视角描绘全图。这一特征突出表现在孤山在画面中所占据的位置。因此虽然在全景图中出现了上北下南、上南下北不同的图向，但总体而言孤山行宫所在均为中心视点，说明了其强烈的政治指向性。

与官绘不同，民间西湖景观呈现形式更加多样化。一是西湖全景图由官方走向民间。由宋至清，形象画法的西湖全景图经历了从方志、专志插图，到单幅胜景图、游览导游图的演变。在这个演变过程中，西湖全图也完成了从官方走向民间的过程。[2] 如湖上扶摇子辑彩色套印本《西湖佳景》（见图8-10）基本上模仿康熙《浙江通志》的西湖图，可以说是它的套彩色复本。

---

[1] 任轶霏：《试述清代西湖全景图的谱系》，《形象史学》2021年第2期，第270-287页。
[2] 任轶霏：《试述清代西湖全景图的谱系》，《形象史学》2021年第2期，第270-287页。

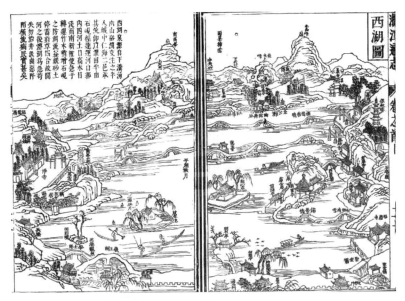

图8-6　康熙《浙江通志·西湖图》

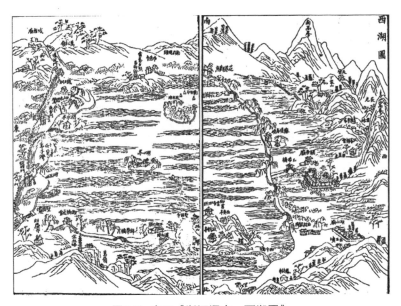

图8-7　雍正《浙江通志·西湖图》

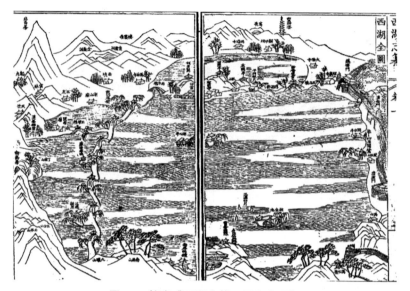

图8-8　乾隆《西湖志纂·西湖全图》

图8-9　乾隆《杭州府志·西湖图》

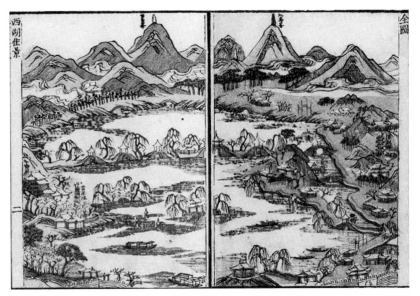

图8-10　《西湖佳景·全图》（乾隆十五年文昌阁彩绘套印本）

　　二是表现的题材多样、内涵丰富，出现山水、风俗、佛教、戏曲、小说、植物等各种类型的版画。宗教类有大量佛教中的经典版本和精妙之作被刻印并流传，如《普宁藏》《河西字大藏》《大般若波罗蜜多经》等；景观类有山水游记、画谱等书，其西湖景观插图同样种类繁多[1]，如彩色套印本《湖山胜概》《西湖游览志余》《西湖志类钞》《海内奇观》《西湖志摘粹补遗奚囊便览》等；人物类除了圣贤人士还有杂剧、小说中的人物故事；民俗类在民间也广为流传，如明《西湖志摘粹补遗奚囊便览》作为一本通俗性的西湖导览书，既刻画西湖名胜景观，也刻画杭州的各种习俗。其中彩色套印本《湖山胜概》是明代杭州本地文人陈昌锡主持编辑出版的，现藏于法国国家图书馆。全书版画与诗书相结合，图文并茂，生动呈现了

---

[1]　潘志良：《西湖古版画》，杭州出版社，2020年，第19页。

吴山上民众的各种活动场景（见图 8-11），借此可以从侧面了解当时的风俗人情。

此外，伴随着西湖旅游兴起的"西湖全景图""西湖十景图"导览图绘，各种瓷器、丝绸制品上的西湖图像，以及以西湖景观为商标的工业产品，无形之中也成为西湖"乌托邦"景观的传播载体。

旅游导图

旅游宣传册的出现可以追溯到两宋时期。两宋时期尤其是宋室南渡后，杭州出现了具有导游性质的早期旅游图籍。一类是专门介绍景点的书，如西湖老人的《繁胜录》、耐得翁的《都城纪胜》、吴自牧的《梦粱录》、周密的《武林旧事》等；另一类是类似于导游图性质的《朝京里程图》，该图以都城临安为中心，标明通向临安的线路、里程、凉亭、旅舍，图上长亭短驿分明，游客可以按图索骥寻景游胜。到明清时期，西湖旅游业发展得已十分兴旺，田汝成的《西湖游览志余》和翟灏、翟瀚的《湖山便览》便描述了西湖中已有较多游览路线指示和景观介绍的信息。

工艺美术

清代由于皇帝巡幸，西湖美景成为工艺美术创作中的重要题材，如瓷器、瓷板画、织绣等工艺美术中常以西湖系列景观或者西湖故事作为主要内容。清"西湖十景"图彩绘瓷反映了当时诗、画、景相结合的审美倾向，并上升到一定哲学层面，在空间的处理上，清"西湖十景"图彩绘瓷将各景点有机地结合在一起，有分有合，有聚有散，集中体现着"天人合一"的理想境界，充满儒家人文精神。[1]

---

[1] 黄德平、宋璇珊：《从"西湖十景"图彩绘瓷谈清代山水瓷画新风》，《陶瓷研究》2012 年第 2 期，第 94-96 页。

图8-11 《湖山胜概》中的民俗活动

工艺美术品既包含艺术欣赏价值，又有日常实用功能，具有实用与审美双重特性，其装饰纹样、图案、题材选择等都属于艺术设计的范畴。在民国时期制作的许多瓷器、瓷板画以及织绣品中，西湖是极为常见的装饰题材。[1]

另外，在商业经营领域如器物包装设计，烟卡、月份牌等商品制作和经营以及其他商业广告宣传中，经常会运用到西湖的山水人文风光。其中比较著名的是西湖风情画。所谓西湖风情画，就是以商业广告或商业礼仪为用途而聘请专职画师创作的绘画。其内容除了"西湖十景"以及相关景观绘图之外，"美女＋美景"的图片组合较为普遍。

20 世纪 30 年代徐永清绘制了西湖四种生活状态图，《杭州西湖苏堤（渔）》《杭州西湖灵隐（樵）》《杭州石屋洞（耕）》《杭州西湖文澜阁（读）》，形成香烟产品的四个系列，作为回馈消费者的纪念品。这种绘画是定制式的艺术创作，具有明显的商业创作特点，但同时也兼顾了西湖意境，暗示着接受者具有高雅不俗的文化品位，迎合了受众的审美心理。

综上所述，西湖十景图等景观图像的传播，形成了"媒介记忆"，构建了人们对西湖"乌托邦"的共同记忆。无论是官方史志中的盛景描绘，文人的诗词以及绘画艺术的创作，还是民间的版画制作、工艺美术、商业经营，总体上都呈现出充满"诗情画意"、画境文心的美好图景。由此，西湖"乌托邦"的图景通过媒介传播成为一种公共产品，使得西湖所蕴含的精神价值具有了普遍价值。

---

[1] 赖骞宇、徐玉红：《民国杭州西湖景观文化传播》，杭州出版社，2012 年，第 183-193 页。

第九章　西湖审美形象的外域传播

传播的本质是"交流"，城市文化的传播是构建城市公共性的基础，其核心过程在于吸引公众参与，并在传播中形成公共精神与文化认同。西湖是"自然与人类的共同作品"[1]，其文化景观肇始于 9 世纪、成型于 13 世纪、兴盛于 18 世纪，并传承发展至今，在上千年的历史演化与传播中形成了"突出普遍价值"（Outstanding Universal Value）[2]。2011 年西湖正式被列入《世界遗产名录》。西湖"乌托邦"形象是在诗词、书画、游记、文学作品、印刷广告等媒介，以及文化、娱乐、商贸等公共活动的广泛传播中而构建起来的。

第一节　游记文本中的东方乌托邦

在地理大发现之前，对于西方世界来说，中国可能是一个与世隔绝的地方。他们把中国的君主类比为充满智慧与正义的"哲人王"，表现出对君主、皇权的仰慕。中国社会强化集体化、秩序化，民众自觉对君子表现出崇拜与信任，并认为公共生活高于个人生活。整个社会由精英阶层化身正义维护社会的公正与秩序。而这些社会精英是通过教育和公正选拔，这

---

[1]　即文化景观，采用《保护世界文化和自然遗产公约》第一条的表述。

[2]　《实施保护世界文化与自然遗产公约的操作指南》（Operational Guidelines for the Implementation of the World Heritage Convention）第 49 条。

正是乌托邦中通过教化培养臣民的理想制度。总而言之，地理大发现使得西方乌托邦从虚幻带入历史现实，哲学家所追求的不确定时间和空间的"理想国"，似乎在遥远的东方异域变成了现实。因此，中国在旅行家、传教士眼中充满神奇的魅力，是西方人所向往的现实世界的"乌托邦"。

马可·波罗、利玛窦等西方旅行家、传教士，都曾在中国生活很长时间，对于中国的政治、经济、文化制度有较深的认知，其中马可·波罗曾经游览杭州西湖，是元初杭州社会经济生活的亲历者。从影响较为深刻的《马可波罗行纪》来看，对于杭州城市繁华"天城"的溢美，首先源于对中国乌托邦形象的认知。文艺复兴与地理大发现时代的乌托邦，一方面使乌托邦可能成为某一个被发现的现实国家；另一方面也可能使某一个新发现的国家在集体想象中变成乌托邦。

在马可·波罗笔下，中国是西方世界寻而不得的"伊甸园"，这里地大物博、城市繁荣、贸易频繁，政治安定和君权强盛是其最为崇拜和羡慕的："在这本书中，我们要讲的是当朝大汗——忽必烈汗的所有伟大成就……迄今为止，他所拥有的臣民之多、疆域之广、财富之巨，超过了世界上任何一个君主……"[1] 他所描写的"汗八里"具有明显的乌托邦特征："整体呈正方形"，每家都"有充分的空间来建造美丽的住宅、庭院和花园"，就像"棋盘"一样精巧与美丽。[2]

利玛窦认为中国几乎就是西方语境中的乌托邦，他在《札记》中一一列举六个方面的特征[3]：第一，中国靠近东方乐园或乌托邦可能出现的地方，他们在地理与心理上都处于封闭的、平静的、稳定的状态。第二，皇帝公正、智慧、仁慈、掌握真理，类似西方的"哲人王"，既是人民的统

---

[1]　马可·波罗：《马可波罗行纪》，冯承钧译，上海书店出版社，2001 年，第 354 页。

[2]　马可·波罗：《马可波罗行纪》，冯承钧译，上海书店出版社，2001 年，第 354 页。

[3]　参见周宁：《孔教乌托邦》，学苑出版社，2004 年，第 148 页。

治者又是人民的教师，在儒教道德哲学培养出的哲学家的辅佐下治理国家。第三，拥有大一统政治特征，家国同治，道德淳朴的民族、和谐的制度使一个庞大的国家变成一个和睦的家庭，人人为公理与责任放弃个人的利益。第四，将教育当作维护理想的社会秩序、保证正义与公理的基础，科举制为国家管理与处理公共事务遴选优秀人才。第五，建立了依靠知识与德行改变社会地位的制度，是一个人人平等的社会。尽管不反对私有财产并有时堕入奢华，但绝大多数人崇尚劳动与节俭、热爱家庭与邻里。第六，像乌托邦社会那样，保持着某种令人羡慕的和平与稳定。

当然，相比于马可·波罗夸大其词的赞美，利玛窦的描写要更为客观，他既呈现了中国"乌托邦"令人向往的一面，也较为公允地指出了其中的问题。如在宗教信仰、意识形态、文化风俗上，中西方存在很大的差异。中国虽然没有宗教裹挟"乌托邦"，但是迷信、愚昧的行为较为普遍，如盲目追求长生不老的愚昧落后思想和强制中国妇女裹脚的社会陋习是中国形象丑恶化的一面。[1]

马可·波罗和利玛窦曾描绘了杭州的"天城"形象。对于曾经的皇城——"行在"（杭州），马可·波罗用了大量的优美的文字描绘其为"世界上最华贵的天城"，为了增加可信度，他在文中表明自己曾"多次到过此城，留意观察并了解城里的各种情形，记录在案"[2]。据鲍志成研究，马可·波罗于 1277—1290 年间多次到访杭州，尤其在 1277—1287 年间很可能在杭州居住过一段时间。[3] 他对杭州的总体印象：雄伟壮丽的行在（Kinsay，即杭州），是世界上最庄严和秀丽的"天城"[4]，因为这里名

---

　　[1]　刘洛君、张春梅：《中古时期西方想象中的中国形象——解码〈马可·波罗游记〉与〈利玛窦中国札记〉》，《汉字文化》2021 年第 6 期，第 113-114 页。

　　[2]　Arthur C. Moule, Paul Pelliot, Marco Polo. the Descriptions of the World, London: George Routledge & Sons Limited, 1938, 327.

　　[3]　鲍志成：《马可波罗与天城杭州》，新风出版社，2000 年，第 392 页。

　　[4]　周宁：《天朝遥远——西方的中国形象研究》，北京大学出版社，2006 年，第 16 页。

胜古迹繁多，使人们想象自己仿佛生活在天堂（见图9-1）。当《马可波罗行纪》在西方流传后，杭州"世界最富丽名贵天城"的形象很长时间主导着西方研究者对"行在城"的印象。[1]

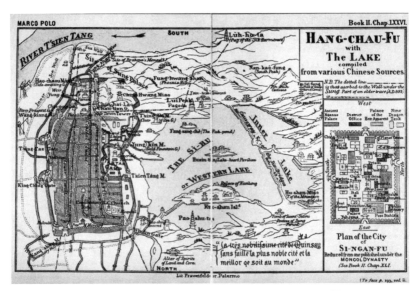

图9-1　《马可波罗行纪》中的杭州府及西湖地图[2]

20世纪前西方人对于杭州形象的描绘主要有三个阶段：第一阶段从13世纪后期到17世纪中期大约400年间，按照马可·波罗"水上华贵天城"的说法展开叙述；第二阶段是从16世纪末到17世纪前半期大约半个世纪，以利玛窦、曾德昭和卫匡国为代表，他们将杭州定义为城、湖、河、江

---

[1]　周东华：《描述"人间天堂"：20世纪前西方人对"杭州"的集体记忆——以1640年穆联"行在城"绘画为切入点》，《晋阳学刊》2018年第5期，第77-88页。

[2]　《威尼斯人马可·波罗之书——关于东方诸国与胜迹》（The book of Ser Marco Polo the Venetian, concerning the kingdoms and marvels of the East），London: Murray, 1903年，第三版。该图为本书第二版（1871年）编者 Yule Henry 根据在杭州的传教士所提供的中国资料所绘。

"写真"的"人间天堂";第三阶段从 17 世纪下半期开始到 19 世纪末的 200 年间,亦称"杭州""东方枢纽城市"。[1] 就游记的文本而言,西方对于杭州的认识从想象逐渐走向纪实,是一个逐渐"祛魅"的过程。从文本描述来看,杭州经济社会发展状态具有一定的"乌托邦性",而这种"乌托邦性"在历史嬗变中得到了延续。

首先,城市自然环境之美。西湖绝美的自然生态环境,是西方乌托邦城市中所构想的人人向往之地。几乎所有的游记中都写到了杭州西湖之美。马可·波罗写道:"城之位置,一面有一甘水湖,水极澄清,一面有一甚大河流。河流之水流入不少河渠,河渠大小不一,流经城内诸坊,排除一切污秽,然后注入湖中,其水然后流向海洋,由是空气甚洁。"[2] 当时的杭州水系发达,江、河、湖、海相互贯通,空气清新,湖水清澈,自然风光宜人。对于西湖的美,后世的旅行家用同样华美的语言做了注解:"面对西湖,远方来客所有的愉悦找到了迸发点。这里绿山环抱,别墅林立,水面平静如练,或浓烈沉醉,或淡雅清新,或雨雾迷蒙,或晴光潋滟,或雄浑刚毅,或隽丽柔媚,或许人类所有的想象和心绪在这里都可以找到她的注脚。"[3] 人们将游览西湖山水作为日常生活。乘船游览西湖,"盖在舟中可瞩城中全景,无数宫殿庙观园囿树木,一览无余","地上之赏心乐事,诚无有过于此游湖之事者也"[4]。

其次,城市经济繁荣。正如莫尔在《乌托邦》中所描述的,"乌托邦"社会之所以可以按需分配,其前提是国家积累了足够多的物质财富,拥有

---

[1] 周东华:《描述"人间天堂":20 世纪前西方人对"杭州"的集体记忆——以 1640 年穆联"行在城"绘画为切入点》,《晋阳学刊》2018 年第 5 期,第 77-88 页。

[2] 马可·波罗:《马可波罗行纪》,沙海昂注,冯承钧译,商务印书馆,2017 年,第 324 页。

[3] 弗里德里克·D. 克劳德:《杭州——天堂之城》,《西湖文献集成》第 30 册,杭州出版社,2004 年,第 531 页。

[4] 马可·波罗:《马可波罗行纪》,冯承钧译,上海书店出版社,2001 年,第 354 页。

较高的劳动生产力水平。同样，对于杭州"乌托邦"的认知，富裕是城市最显著的特征。马可·波罗、利玛窦等都用了大量华丽的辞藻描述杭州之繁华。由于京杭大运河的兴起，带来十分活跃的商贸活动，城市经济得到长足发展。"城中有大市十所，沿街小市无数，尚未计焉……每星期有三日为市集之日，有四五万人挈消费之百货来此贸易。"[1] 马可·波罗以胡椒为例，估算出"平常消耗其他物品若肉酒香料之属之众"。概言之，杭州商业经济发达，"财富为世界其他诸城所不及也"[2]。

再次，城市公共活动丰富。商贸经济的繁荣带来市民生活的丰富，马可·波罗描写了城市生活丰富多彩，充满各式的欢乐，仿佛置身天堂。商品经济繁荣势必引来四面八方集聚的人口，进而又推动城市公共空间建设与百业的兴盛。同时，城市客栈、茶楼、餐馆以及供人娱乐的"瓦舍勾栏"建设也极为丰富。城市公共空间的拓展与城市公共活动的频繁密不可分。人们享受丰富多彩的城市生活，同时也带动了经济的繁荣。处于城墙之外的西湖以及城郊的各类园圃，是城市居民和各地游客的公共游赏之地。人们随时可以租船泛舟西湖，租车游览园圃。马可·波罗特别提到城市中有公共浴场 3000 多座，人们常在其中沐浴休闲，颇有古罗马时期的意味。

最后，君主集权与儒士共治。无论是马可·波罗还是利玛窦，对于中国城市"乌托邦"的想象，归因于政治制度上的"优势"，即"哲人王"或代表政治智慧集大成者的儒士治理国家。马可·波罗对中国当时的君主忽必烈推崇备至，认为他就是集仁勇、智慧、爱民于一体的"王"，人们对他崇拜如同"上帝"。国王被叙述为集权智慧的象征，"以绝对的权威与责任管理乌托邦的子民，乌托邦的子民们对他的崇拜与信任，就像孩子

---

[1] 马可·波罗：《马可波罗行纪》，冯承钧译，上海书店出版社，2001 年，第 406 页。

[2] 马可·波罗：《马可波罗行纪》，冯承钧译，上海书店出版社，2001 年，第 399 页。

对家长"。[1] 于是就构成了一个和平繁荣的"乌托邦"社会：国王公平公正，社会安宁祥和。老百姓受王之教化，"举止安静，盖其教育及其国王榜样使之如此"，男女百姓"亲切之极，致使同街居民俨与一家之人无异"。[2] 《利玛窦中国札记》中对于这种哲人政治进行了较为详细的描述，认为这是"作为真正牧民者的'哲人'占统治地位"[3]。

学者周宁认为，"孔教乌托邦"[4] 实现了理想国中的哲学之治，在西方作为价值目标追求的政治制度，在中国已然是一种现实。杭州城市"天城"之形成得益于地方官吏的励精图治，君王与儒士共治促进了城市的安全、稳定与繁华，商人和市民阶层的兴起造就了充满活力的城市生活图景，这些都从不同角度塑造了"美丽、富裕、文明、宜居、和谐"的理想之城，不啻为西方人想象中乌托邦的文化表征。

当然，西方对西湖"乌托邦"存在一定的"误读"。历史资料表明，许多传教士事实上并未真正到达杭州或在杭州生活，而是通过文本演绎，对于杭州"天城"完美形象的塑造带有一定想象和夸张的成分。但是不可否认，这些文本作为13—17世纪间西方人对"杭州"的美好集体记忆，使得杭州作为一个实体"乌托邦"进入西方视野，并成为"西方历史叙述中的东方主体"[5] 的一个典型代表。1581年传教士海因里赫·布恩丁（Heinrich Bünting）在其《圣经行传录》（*Itinerarium Sacraeurae*）中绘制了一幅

---

[1]　周宁：《东风西渐：从孔教乌托邦到红色圣地》，《文艺理论与批评》2003年第1期，第122-137页。

[2]　马可·波罗：《马可波罗行纪》，冯承钧译，上海书店出版社，2001年，第327-328页。

[3]　裴化行：《利玛窦神父传》，管震湖译，商务印书馆，1995年，第71页。

[4]　即"儒教乌托邦"：周宁认为将中国想象为道德政治与审美艺术的乌托邦就是孔教乌托邦。孔教乌托邦中"美好中国"的形象传播出现在西方的理想国传统视野中，后被启蒙主义运用。从文艺复兴到启蒙运动"孔教乌托邦"成为西方文化中乌托邦从文学渡入历史的一个美丽的栈桥。参见周宁：《东风西渐：从孔教乌邦到红色圣地》，《文艺理论与批评》2003年第1期，第122-137页。

[5]　周东华：《描述"人间天堂"：20世纪前西方人对"杭州"的集体记忆——以1640年穆联"行在城"绘画为切入点》，《晋阳学刊》2018年第5期，第77-88页。

"飞马亚洲"地图，马尾巴上并没有标注"China"而是写"Quinsay"[1]，这从某种意义上表明在传教士眼中，杭州就象征着中国乌托邦。

第二节　东亚文化朝圣与西湖想象

西湖申遗文本指出，"西湖景观"以其湖山皆备、四季分明、文化特别丰富、历史特别悠久的特色，承载了历朝历代各阶层人士的各种审美需求；并在中国"天人合一""寄情山水"的山水美学文化传统背景下，拥有了突出的精神栖居功能；对唐宋以降的中国历代文化精英，包括东亚地区的文化交流学者产生了强烈的吸引作用，成为他们持续不断地创造和营建的精神栖居地。

西湖"乌托邦"对于东亚的传播，不仅体现在日本、韩国等对中国禅宗文化上的朝圣，而且表现为对以"西湖十景"为标志的景观题名方法的充分吸收，并应用到本土的景观建筑与园林设计艺术之中，深刻影响了其本土文化。从某种意义上说，对于西湖的想象是东亚诸国接受中国文化的一种表征，在这背后是对中国文化的接受与吸收。这种文化的传输从唐朝已经开始。佛教自汉代传入中国后就进行了中国化改造，与中国本土的儒教、道教思想不断融合，到唐宋时期禅宗文化兴起意味着儒、道、释"三教合一"的融合到达一个高峰。中国禅宗文化传入朝鲜、日本，又深刻影响了其本土文化。

西湖在东亚文化中作为"美好的中国"想象，一直占据重要的地位。换言之，对他们而言，西湖"乌托邦"是他们长期以来所向往的。那么这种想象的"乌托邦"是如何形成的呢？

---

[1]　龚缨晏：《欧洲与杭州：相识之路》，杭州出版社，2004 年，第 1 页。

首先，对贤才高士的仰慕。早在唐开成三年（838），《白居易诗集》就已传入日本，这种美好的想象便开始萌芽。苏轼诗句中"饮湖上初晴后雨"的景观、林逋"梅妻鹤子"的高士品格则让这种想象变得愈加美化。白居易、苏轼、林逋在日本禅僧心目中拥有很高的地位，他们的诗词中蕴含着儒、道、佛三种文化因素，深刻影响了日本的文化。此外，对高士"隐逸文化"的拥趸，使得西湖被视为隐逸文人的"脱俗空间"，儒士与文人精神乌托邦之所在。林逋"梅妻鹤子"在西湖之畔的隐逸生活受到大量日本禅僧和文人的推崇和景仰，种植梅花成为他们效仿的雅事。毋庸置疑，白、苏、林诗词中所歌咏的西湖及其场景，也为日本禅僧和贵族心之所骛。这不仅体现在日本诗歌创作上，而且影响了其绘画的发展。

其次，对禅宗文化的朝圣。两宋时期，禅宗文化发展的突出特点是佛儒并重，一方面宋代儒学出现哲学化倾向，广泛吸收了佛、道的宇宙生成论及万物化生论；另一方面，禅僧大多兼习禅儒，主张禅儒融合，并推动了禅学的大众化。从历史来看，佛教徒的互信互访是早期中日大规模文化交流的重要途径，在佛教的传教和求法运动中，包括思想、制度、文物和风俗在内的佛教文化形态[1]全面渗透到社会生活的各个方面。早在奈良时期，中国禅宗已由道昭、道睿、最澄等传入日本[2]。南宋时期，即日本镰仓幕府时期，由于海上交通的发展，日本禅僧来中国学禅者逐渐增多。当然这与南宋"五山十刹"的治理结构有关。南宋宁宗嘉定年间（1208—1224），宰相史弥远奏请宋宁宗建立了江南禅寺等级制度，并由官方派任住持。其中，杭州径山寺、灵隐寺、净慈寺位列"五山"，中天竺寺列入"十刹"，这样，杭州理所当然成为了禅宗交流的集聚地，日本禅僧来中国学

---

[1] 魏承思：《中国佛教文化论稿》，上海人民出版社，2015 年，第 347-348 页。

[2] 孙良：《浅谈南宋时期中日佛教文化交流——以杭州为例》，《创意城市学刊》2020 年第 1 期，第 233-241 页。

习禅法的第一选择。据记载，仅在五山时代[1] 的日本禅宗僧侣到中国的就有 138 人，其中明确到杭州的有 58 人[2]。据统计在日本禅宗的 24 流派中，由来杭日僧及其法嗣开创的流派有 9 支。可以说，杭州是日本禅宗的发源地，其在日本禅宗史上具有举足轻重的地位[3]。彼时，中国盛行的禅宗和净土宗由此传入日本，成为日本佛教史上的主要派别，并受到贵族、武士和下层民众的皈依，对儒教、美术、书道、茶道、俳句、印刷术等日本文化起了巨大的促进作用。[4] 因此，可以说禅宗文化的传播直接影响了他们对西湖的神圣化想象。

再次，文化艺术的交流。从诗歌来看，日本禅僧的《五山文学》中有 381 处歌咏西湖，其中"水光潋滟"和"淡妆浓抹"是高频出现的词汇。从绘画来看，17 世纪末《西湖佳话》《西湖志》《西湖游览志余》等一批介绍杭州西湖景观的书籍传入日本，西湖题材顺理成章成为日本绘画的重要题材。镰仓、室町时期以来，中国的西湖在日本文化积淀过程中已经摆脱了地理限制，幻化为日本精神生活的一个组成部分，一个凝聚了一代代人精神寄托的想象空间，一个可以用来与现实生活形成对照的美好而遥远的地方，或者说一个艺术的"他者"。[5]

从题名景观的发展来看，北宋"潇湘八景"是四字景观形成的源头。"西湖十景"题名景观正是对其题名方式的传承。"潇湘八景"对日本"八景"

[1] 根据俞慰慈的研究，日本五山文学分为三个阶段——滥觞期（1191—1326）、隆盛期（1327—1425）、衰退期（1426—1620），参见陈永华：《五山十刹制度与中日文化交流》，《浙江学刊》2003 年第 4 期，第 199-202 页。

[2] 陈永华：《五山十刹制度与中日文化交流》，《浙江学刊》2003 年第 4 期，第 199-202 页。

[3] 江静、崔会杰：《宋元时期来杭日僧研究》，杭州市政协文史馆等编，《杭州文史》第 1 辑 2019 年，第 24-26 页。

[4] 孙良：《浅谈南宋时期中日佛教文化交流——以杭州为例》，《创意城市学刊》2020 年第 1 期，第 233-241 页。

[5] 孔颖：《芥川龙之介的杭州之行——一个大正西湖梦的破灭》，《浙江工商大学学报》2009 年第 4 期，第 72-76 页。

画的渗透和影响，涉及禅宗文化、"八景"命名与构词、绘画主题与形式以及审美价值与情趣等方面。[1]但是，由于"潇湘八景"图中表现的是云烟、光影飘忽不定又变化无常的"禅境"，适宜在想象的世界中"卧游"，而无法与现实景观一一对应，因此，具有实景和诗境双重特性的西湖，逐渐成为了日本禅僧和贵族心目中真正可寄托的载体、向往到达的"乌托邦"。

现存最早的记载"潇湘八景"题名的是《梦溪笔谈》：

> 度支员外郎宋迪工画，尤善为平远山水。其得意者，有《平沙雁落》《远浦帆归》《山市晴岚》《江天暮雪》《洞庭秋月》《潇湘夜雨》《烟寺晚钟》《渔村落照》，谓之"八景"，好事者多传之。[2]

这"好事者"很可能包括苏轼，因为苏轼曾作《宋复古画〈潇湘晚景图〉》三首。从"八景"的景目来看，"八景"均为晚景，其"幽玄""无常"的哲学理念正好与日本人的自然观、审美观相耦合。从画面来看，"平远"之意寄托清寂的山水，"远"则"虚"，"虚"则"空"，"空"则"静"，景观意象与禅理糅合，产生超脱的审美体验，也是日本园林侘寂美学的一种追求。日本园林正是从禅宗中悟出虚空的韵味，"即返璞归真才是更高层次的美，他们常常不把物体表现得尽善尽美，而需要通过人的心灵来感受物体，让表面看来空荡荡的一物却能表现出'此时无声胜有声'的境界"[3]。

早期的"潇湘八景"虽然并不明确具体景观所在位置。但这种景观题名方式，进入现实世界就必然带上地域文化特色。随着"西湖十景"美名的远扬，"八景"题名景观的方式也在日本兴起。内山精也认为，"西湖

---

[1]　钟虹滨、臧晓琳：《"潇湘八景"绘画对日本"八景"画的影响》，《艺海》2012 年第 2 期，第 66-67 页。

[2]　沈括：《新校正梦溪笔谈》，胡道静校注，中华书局，1957 年，第 171 页。

[3]　范文豪：《侘寂词义辨析及其美学应用》，《艺术科技》2016 年第 3 期，第 215 页。

十景"不仅是中国国内近世"八景"现象的范式，而且深刻影响了日本，"让东瀛的知识人着了迷"[1]，这正是"八景"现象在日本盛行的重要原因之一。

室町时代（1336—1573）以后，日本各地都选出八景，初期有"近江八景、金泽八景、博多八景、南都八景、松岛八景"[2]等。"据日本学者2001年调查，在日本称作'××八景'者竟有四百多个……从命名来看，大多沿袭了潇湘八景。"[3]这一时期，虽然以"八景"为名，但实际上更多借鉴了"西湖十景"。正如内山精也所指出的，为宋代八景现象的结局增添光彩的，是杭州的"西湖十景"，并且认为"西湖十景"是日本近世八景现象的原型。[4]

从绘画接受的视角来看，"潇湘八景"绘画的构思和布局基本上被日本"八景"画全盘接受。由于宋迪《潇湘八景图》不知道去向，事实上日本的"八景"画，一脉相承于中国南宋禅僧画家牧溪和玉涧的《潇湘八景图》。八景图着实对日本绘画艺术产生了深远的影响。随着日本本土禅宗的大众化，以"八景"为绘画模型的审美风格发生了转变。日本画家葛饰北斋与歌川广重在日本美术界最大的贡献便是以"潇湘八景"为母题的风景画创作。[5]自镰仓时代起，日本画师就临摹董源、牧溪、玉涧、马远等人的《潇湘图》和《潇湘八景图》，采用的构图法则和布图格式都与"八景"水墨画的形式一致，甚至连题诗的位置布局都能够寻找到与"潇湘八景"图的趋同。

---

[1] 内山精也：《宋代八景现象考》，陈广宏、益西拉姆译，王水照、何寄澎、李伟国编：《新宋学》第二辑，上海辞书出版社，2003年，第389-408页。

[2] 内山精也：《宋代八景现象考》，陈广宏、益西拉姆译，王水照、何寄澎、李伟国编：《新宋学》第二辑，上海辞书出版社，2003年，第389-408页。

[3] 许金生：《日本园林与中国文化》，上海人民出版社，2007年，第152页。

[4] 内山精也：《宋代八景现象考》，陈广宏、益西拉姆译，王水照、何寄澎、李伟国编：《新宋学》第二辑，上海辞书出版社，2003年，第389-408页。

[5] 須藤訓平、渡部一二：広重の描いた『名所江戸百景』にみる水辺空間の構成に関する研究，ランドスケープ研究，2006年第5期，第725-730页。

但是，随着"西湖十景"图的传播，西湖景观成为日本画家着力表现的一个主题。据研究表明，日本最早的西湖画完成于日本延文四年（1359），题为"西湖十境"[1]。由于以将军为代表的统治阶层的倡导，禅僧作为先进文化的最初接受者，创作了大量的"西湖十景"图。从 15 世纪开始，几乎每个历史时期的主要画派或著名画家都曾将西湖作为绘画题材（见图 9-2）。

图9-2　狩野元信《西湖图》（日本石川县立美术馆藏）

日本室町时代"画圣"雪舟等杨于 1467 年到过杭州。据记载，"雪舟泛舟西湖之时，作有多幅'晴好雨奇变态'的西湖写生图"，其特点是"运用水墨画的技巧入画，使得西湖及其周边烟雨缭绕，充满神秘色彩"。[2]他的《西湖图》（见图 9-3）十分详细和清楚地描绘了西湖的风景，被认为是当时日本人梦想中的西湖与实景西湖的完美融合。日本南画的集大成者池大雅，也留给后世一幅著名的西湖长卷。

---

[1]　宋翔、陈小法：《日本人眼中的西湖》，杭州出版社，2021 年，第 183 页。
[2]　聂友军：《取醇集：日本五山文学研究》，上海交通大学出版社，2015 年，第 8 页。

图9-3　雪舟等杨（传）《西湖图》
（纸本墨画淡彩，日本东京静嘉堂文库美术馆藏）

　　此后，西湖逐渐成为日本绘画中的经典题材之一："在日本，西湖也作为人们神往之地被描绘在了画卷之上（见图9-4）。在此，我们通过日本的西湖画，来走近人人向往的'人间乐园'。"[1]

图9-4　雪舟等杨《天桥立图》
（纸本墨画淡彩，89.3cm×169cm，日本京都国立博物馆藏）

---

　　[1]　日本"名胜八景　憧憬的山水"展览资料，出光美术馆，2019年10月5日—11月10日。

　　"潇湘八景"与"西湖十景"之所以形成固定的文化模型得以广泛传播，还有一个重要的原因是"好事者"的共同创作。诗与画之间形成互文，景与境相互吸纳，文人群体将这一母题作为山水题咏的重要依据。大量的诗歌以及文人之间的唱和，内容丰富而富有文人精神，用华丽的言辞描绘出令人心驰神往的山水风景，实际上也寄托了对这种圣境的向往。通过诗词，日本禅僧、贵族与文人群体得以进入白居易、苏轼、林逋等"士"的精神世界从而获得一种思想与心灵共鸣。因此，从某种意义上说，他们的"西湖梦"亦是"文人梦"，是超越物质环境而追求纯然士族精神的"乌托邦"。这也就可以解释，为什么当芥川龙之介来到经过现代文明洗礼的杭州，那个充满诗情画意的西湖想象与现实西湖景观之间形成巨大反差，最终导致西湖梦碎。西湖梦的破碎，既是对文化衰退的近代中国的失望，更折射出芥川龙之介内心对一味复制西方文明的日本的失望。如钱林森所说："他者之梦，也许只是另一种形式的自我之梦，他者向我们揭示的也许正是我们自身的未知身份，是我们自身的相异性。他者吸引我们走出自我，也有可能帮助我们回归到自我，发现另一个自我。"[1]

　　日本"八景"绘画的演变，从水墨画转换到浮世绘，从最初的"士文化"画风，逐渐变成风俗画画风，是中国"八景"绘画艺术在日本的发展，也是日本对中国"潇湘八景"绘画艺术的传承和演绎。[2]

　　日本的"八景"山水画借鉴了中国"潇湘八景"绘画的审美观与艺术形式，使得日本绘画风格在情景表达、写意风格和视觉构图等内容上都与中国"八景"绘画具有诸多共同之处。确切地说，日本的"八景"绘画从构思立意、图像表现和画面设计等各个方面，都受到了中国传统美学精神的影响。

---

[1] 钱林森：《20世纪法国作家与中国》，南京大学出版社，2001年，第43页。

[2] 钟虹滨、臧晓琳：《"潇湘八景"绘画对日本"八景"画的影响》，《艺海》2012年第2期，第67页。

第三节 日本园林山水的实景模仿

对于中国园林山水的构建，白居易是一个先行者。白居易尝言，"高人乐丘园，中人慕官职"[1]，"从幼迨老，若白屋，若朱门，凡所止，虽一日二日，辄覆篑土为台，聚拳石为山，环斗水为池，其喜山水，病癖如此"[2]，"适情处处皆安乐，大抵园林胜市朝"[3]。日本见村松勇所著的《中国庭园》书中赞誉白居易是真正开辟中国庭园的祖师，日本园林界尊其为日本园林文化的"导师"。在古代日本，造园师学习白居易的园林美学精神，同时参照"潇湘八景"和"西湖十景"等。[4]受中国"八景"山水题画诗、山水画的影响，西湖园林景观建设的理念影响着日本庭园的创造，对山水园林的影响尤为明显。日本庭园一直保持着与"潇湘八景"相近的自然山水形式，同时结合日本的自然地理条件和文化背景，形成了独具日本特色的园林风格。

西湖深受文人墨客的喜爱，但除少数亲历者之外，大部分人只能对传播中的西湖神往不已。画家凭借想象画下了心目中的西湖美景画，造园师则将水池、湖泊等景观仿照西湖而作。对于西湖景观的模仿，主要有几种模式：一是对于"西湖十景"的复制；二是专事对名堤的模仿；三是去其形取其意，创新日本特色的禅味建筑。

小石川后乐园（东京）是建在水户德川家下屋敷的大名庭园，明历大火后成为上屋敷。1665 年，德川光圀怀着对学问的渴望，迎接明朝旧臣、亡命于长崎的著名学者朱舜水（1600—1682）为师。江户初期由朱舜水参与设计的名园小石川后乐园就引入了"西湖堤"，对当时的大名庭园设计

---

[1] 白居易：《白居易集笺校》，朱金城笺注，上海古籍出版社，1988 年，第 406 页。
[2] 白居易：《白居易集笺校》，朱金城笺注，上海古籍出版社，1988 年，第 2736 页。
[3] 白居易：《白居易集笺校》，朱金城笺注，上海古籍出版社，1988 年，第 2223 页。
[4] 许金生：《日本园林与中国文化》，上海人民出版社，2007 年，第 16 页。

模式产生了很大影响。

德川光圀此时已着手上屋敷庭园的改建工作，在朱舜水的教导下，他对中国的兴趣进一步增强。朱舜水是浙江余姚人，对他来说"西湖苏堤"是令人怀念的故乡风景。从那时开始，庭园西南部建造了外形如西湖般的建筑，就是现存西湖苏堤的缩小版（见图9-5）。

图9-5　小石川后乐园西南堤

以京都桂离宫园林为例，作为日本古代园林的代表作之一，其建造者智仁亲王是白居易的崇拜者，桂离宫园林的景名即受白居易《春题湖上》的启发。据记载，"受政治玩弄而失意的亲王，为逃避政治纷争，开始移情于山水。在造园之初，亲王参照白居易《春题湖上》一诗布景立意"[1]。依照"湖上春来似画图，乱峰围绕水平铺。松排山面千重翠，月点波心一

---

[1]　许金生：《日本园林与中国文化》，上海人民出版社，2007年，第37页。

颗珠。碧毯线头抽早稻，青罗裙带展新蒲。未能抛得杭州去，一半勾留是此湖"的诗情画意，桂离宫的建造与命名"取'月点波心一颗珠'建楼名'月波'，掘池称心字池；采'松排山面千重翠'的'松'字，筑茶室'松琴亭'；以蒲为茶室建筑材料呼应'青罗裙带展新蒲'的'蒲'字；笑意轩窗前可以观稻（昔有稻田）与'碧毯线头抽早稻'的'稻'字相对应"，且"月波楼、松琴亭与茶室古书院、中书院巧妙地分布于池泉四周，与周围景色融为一体"，"桂离宫园林正是藉《春题湖上》'究全文气势'，布景立意'才得以成为绝代'佳构'"[1]，被誉为"日本美的象征"。

除此之外，还有位于东京的乐寿园庭园（现在改名为"旧芝离宫恩赐庭园"，见图9-6），是被指定为国家名胜的庭园。旧芝离宫恩赐庭园原

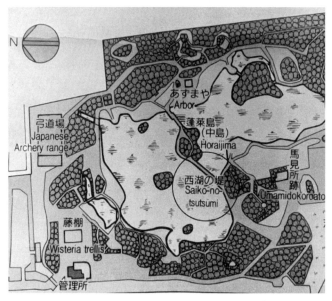

图9-6　旧芝离宫（1678年，江户初期）

---

[1]　许金生：《日本园林与中国文化》，上海人民出版社，2007年，第37页。

建在小田原藩大久保家上屋敷内的大名庭园，现在庭园中央部还留有石堤
（见图9-7），为模仿西湖苏堤而建。这是继小石川后乐园之后又一模仿
西湖苏堤的案例。它的长度稍短但宽广坚固，且高度是小石川后乐园的两
倍以上。堤的中央处如小石川后乐园般架起一座桥，虽不是拱桥，但桥由
三块石板横列悬于水上，两边设有栏杆，构造非常坚固。

图9-7　旧芝离宫恩赐庭园中央石堤

　　缩景园庭园是藩主浅野长晟从和歌山移封到广岛后建设的回游式大名
庭园，当初庭园建造时仿照了西湖景观。事实上，江户末期对庭园进行大
改造时借用了西湖的部分景观命名，其景名主要参考《西湖志》。比如"缩
景园三十四名胜"中的"跨虹桥""小蓬莱""映波桥"等名称都是从西
湖经典景观直接借用的。

　　借景和缩景是日本庭园营建的两种基本手法。缩景即将大自然的山川
大河以及神山、圣地，缩小为可安置在庭园之中的小景，供人欣赏。这种

造园手法在南宋时期就已形成，如德寿宫中缩小版的西湖、飞来峰。缩景园在最显著的位置仿造了西湖的跨虹桥（见图9-8），它是苏堤跨虹桥的缩小版，规模只有原版的三分之一左右，而且通过跨虹桥将濯缨池一分为二，形成了极具特色的园林景观。

图9-8　缩景园中仿造西湖的跨虹桥

　　诚如许金生在《日本园林与中国文化》中所述，日本古代园林的立意也受到中国古典诗文的影响。[1]其中影响最大的是描写"西湖"的诗文。

　　古代日本在提起他们本土风景秀美之地时，总是会将中国西湖作为参照标准，来证明言之有据。江户初期，以心崇传曾在《桂亭记》一文中借西湖赞美风景秀丽的桂离宫园林。由此可知，对西湖的向往与审美深植于日本人的精神世界之中。

　　从中国描绘西湖的诗文到日本寺院，西湖山水园景东渡日本进入本土

[1]　许金生：《日本园林与中国文化》，上海人民出版社，2007年，第11页。

寺庙园林，这一传播路径可看作"由湖景入禅境"，直击要领的文化接受。西湖的精神内涵在日本的传播，受众主体最初为僧人，他们从中国带回了遥远的"西湖梦"。渐渐地，西湖精神核心被日本的文人雅士接受并推崇，其至高点始终为"禅"的理念。

在庭园设计中由浅入深分为不同的层次，用符号的形式引申了画面的含义。同时，枯山水庭园又是通过描绘、模拟"八景"画之意境、布局、构成来强调自己的存在方式，是在二维中寻求三维的世界，在无形中表现有形，在无声中表现有声。枯山水将中国"八景"绘画中表现出的自然风光，针对日本的实际生活进行了现实的贴合。营造令人心灵宁静的大自然情境，是禅道精神的体现。这是"潇湘八景"画作艺术精华在现实景观（园林）中的立体再现，是枯山水庭园的表现特征，也是日本庭园艺术所追求的最高境界。

日本庭园的设计，特别是禅宗庭园，从画中来，到景中去，都是力图利用简洁和朴素的手法，塑造悠远、深邃的意境，营造出一种禅静和安宁的状态，带领人们进入禅宗的境界。对西湖景观的禅意化借用，表现的重点并非景观形式，而是禅宗的意境。日本的枯山水庭园精巧细致，用十分凝练的方式再现自然风景，在造园手法上不同于其他形式的庭园。对中国"八景"题材绘画的吸收，和构成元素的简单而没有任何多余的装饰，这种排除一切杂质、讲究造园意境、追求纯粹思想境界的造园手法非常独特，极富诗情画意和哲学意味，可以说是禅宗思想与自然万物以及绘画艺术相融合的产物，从而形成了写意式的艺术风格。

在文化艺术交流与传播过程中，西湖"梦"的审美理想逐渐得到确立。特别是东渡日本之后，西湖"梦"所蕴含的文化精神被日本文化接纳并内化为本国的思想意涵。传播的本质是"交流"，开放性和公共性是文化传播的天然属性。在这一过程中，最为重要的是吸引更多、更广泛的传播者

（人）的参与，并在传播中形成稳固的公共精神和深层次的文化认同。西湖从自然美景到文人墨客的吟诵对象，自然与诗性融合，加深了其人文色彩和深远意境。至两宋时期，西湖景观由诗入画、画意结合，画卷中的西湖景象进而笼罩上了理想主义的审美情怀。随着传播题材的扩展与公共性的加强，不同的媒介均成为其文化的表现载体。这些转换扩大了受众面，反向推动了西湖公共性的发扬和进一步的乌托邦化，打上了不同时代的烙印。西湖精神在日本的继承和发扬，成了西湖"乌托邦"的另一版现实缩影。

余　论

在全球化、现代化、城镇化不断推进的背景下，我国进入快速城镇化阶段以后，环境污染、贫富差距、城市病等问题日益严重。过分注重现实功能、利益至上、消费主义而缺乏理想主义的城市化建设，不仅造成城市空间布局的混乱与失衡，而且导致公共价值缺位和对公众的终极关怀的淡漠，最终城市规划难以超越物质的循环，城市发展到一定阶段后迷失了方向，城市缺乏一种长久永恒的发展动力。[1]

每一个时代，人们对于理想社会和理想城市都存有想象。从中西方文明的源头来看，无论是古希腊时代的"理想国"还是中国古代的"大同社会"，都深深刻着人们对美好生活希冀的烙印。随着历史的演进，无论西方还是东方，理想社会从"理念"不断引入到"现实"。对中国而言，以封建王朝的终结为分界线，在此之前的城市规划受"礼制"与"自由城"（因地制宜）两种思想的影响，世代沿袭，形成了具有东方文明特色的城市与园林；近代以来，则较为系统地接受了西方城市规划建设理念和方法。

从理想社会形态与理想人居环境的角度来看，中国传统文化视域中本就蕴含着丰富的理想社会思想，如"天人合一"的生态观、"天下大同"的平等观、"与民同乐"的共享观，以及物理空间与精神世界相适应的和谐观，等等，具有鲜明的中国特色。

---

[1] 刘骧群、王耀武：《城市乌托邦的现实意义》，《学术交流》2006 年第 11 期，第 136-139 页。

西湖作为世界文化景观遗产，是历代文人心目中的"梦中家园"，承载着丰富的中国古典文化精神，既是地理空间上的"实体的乌托邦"，又是具有精神栖居功能的"诗性的乌托邦"。与文学传统想象中的"桃花源"不同，西湖是历史演化而来的"理想社会"的实体。作为一个现实世界中实存的地理概念，西湖的最大特色在于其开放性、公平性及动态演化性。从西湖发展演化的历史来看，经过近两千年的水系治理，它由城郊的自然生态湖转变为城市中心的文化栖居湖，成为服务于全体民众的公共空间和公共产品。

西湖所承载的文化内涵和精神具有典范价值、交流价值、见证价值和关联价值。一方面，包括帝王在内历代文化精英对西湖的湖光山色、历史古迹以及风俗人情进行了艺术创作，"诗情画意""寄情山水"的文化特性激发了数量巨大、雅俗共赏的文学和艺术作品，使其成为千年来中国传统文化精英的"精神家园"，以及中国各阶层人们世代向往的"人间天堂"[1]。另一方面，文化层面的诗性创作和山水美学精神又转化为特殊的具有东方审美特色的"题名景观"园林设计方式，形成了以"西湖十景"为核心的景观体系，对我国清代皇家园林，以及9世纪以来的日本、朝鲜半岛等东亚地区的景观设计和造园艺术产生了深刻的影响。

杭州理想城市形象的构建与文学艺术创作密不可分。从西湖景观形成和传播的角度来说，主要分为三个阶段：一是诗化景观，以白居易、苏东坡为代表的历代文人对西湖景观的审美灌注，使得"天人合一"的山水空间变得富有诗情画意；二是景观塑型，南宋画院画师对十个典型景观"以诗入画"，从而使"西湖十景"成为历代山水绘画的母题；三是盛世传播，清康乾时期帝王钦定了景观的图像，确立了其游赏的固定视角，盛世景观

[1] 陈同滨、傅晶、刘剑：《世界遗产杭州西湖文化景观突出普遍价值研究》，《风景园林》2012年第2期，第68-71页。

是其"圣境化"传播的政治隐喻。在此过程中,通过"集名"扩展,从元代"钱塘十景"到清朝"西湖十八景",直至近代以来的新"西湖十景",进一步扩大了西湖景观的传播效应。"西湖十景"深入人心,随着江南商贸经济繁荣,其传播渠道也更为多元。事实上,"西湖景观"的对外传播是杭州建构理想城市形象必不可少的一环。

西湖作为世界文化景观的价值是独一无二的。以西湖文化景观为个案分析,旨在提醒各地政府在推进城市规划建设和历史文化遗产保护的过程中,应摒弃功能至上、目标短视的指标化建设,而更加注重从自身自然资源禀赋和文化底蕴出发,以打造全民共享、内涵丰富的公共产品的理念,改善城市生活方式,涵养城市文化,塑造理想生活。

"公共性"是理想城市最重要的特点,因此本书采取"虚—实"结合的双线结构展开讨论,虚线西湖作为理想城市的文化载体的历史嬗变,实线是西湖作为城市公共空间、公共产品,其公共性内涵的构建。

要探究杭州建构理想城市的真正内涵,必须将其放置在西湖治理史与城市发展史的宏大叙事之中,与其背后的政治、经济、文化以及社会形态等方面结合起来研究。通过地方循吏为主导的多元共治格局形成与变化研究,我们发现,"西湖梦"的主体精神是"民本"思想与"中隐"路径,虽然帝王、循吏、商人、僧人等各种主体对"西湖梦"的形成均有贡献,但兼具"官员"与"文士"双重身份的主政官员发挥的作用最大。"西湖梦"审美精神的内倾化和世俗化同时并行,不同阶层的审美主体均可在西湖山水之间获得自己所需的精神满足,从而形成广泛的文化认同。

西湖如梦似幻的形象与其山水园林空间密切相关。以景观园林、寺庙园林为载体的公共空间为公共性展开提供了物理空间载体,而公共空间既是物理形态的实体空间,同时又是文化形态的"场所依赖"。围绕景观的公共游赏体系与围绕寺观的公共活动体系是西湖山水园林美学的精髓。通过西湖景观的治理、旅游功能的提升、公园化改造，增强了其作为城市公共空间与文化产品的公共属性。

"诗性的乌托邦"是"西湖梦"最重要的审美价值。唐宋时期开始的西湖诗词创作和绘画传播，明代文人游记、散文中的"西湖梦"，清康乾帝王"巡幸"进而对西湖进行"圣境化"的图像传播，将西湖景观形象广为传播的同时推动了大众化的西湖游赏发展。商品经济中版画、瓷器、丝绸、广告等载体都是西湖审美形象传播的重要媒介。西湖景观及园林深刻影响了东亚各国的园林建设。"西湖梦"作为一种文化模型在实践层面受到各地的模仿和复制。以诗入画、媒介记忆、他者之梦构成了西湖景观的文化传播路径，从而使其突破地域文化限制，成为具有普遍意义的文化景观。

总之，"西湖梦"代表着美好城市之理想，是东方传统文化语境中理想人居环境的典范和诗性生活的象征。

参考文献

一、古籍类

（春秋）管仲：《管子》，（唐）房玄龄注，（明）刘绩补注，刘晓艺校点，上海：上海古籍出版社，2015 年。

（春秋）孔子：《论语》，杨伯峻、杨逢彬注译，长沙：岳麓书社，2018 年。

（战国）荀况：《荀子》，（唐）杨倞注，耿芸标校，上海：上海古籍出版社，2014 年。

（汉）司马迁：《史记》，杨燕起译注，长沙：岳麓书社，2021 年。

（唐）孔颖达：《礼记正义》，（汉）郑玄注，吕友仁整理，上海：上海古籍出版社，2008 年。

（晋）陈寿：《三国志》，东篱子译注，北京：时代华文书局，2014 年。

（晋）陶渊明：《陶渊明全集》，（清）陶澍注，龚斌点校，上海：上海古籍出版社，2015 年。

（唐）白居易：《白居易集》，顾学颉校点，北京：中华书局，1979 年。

（唐）白居易：《白居易集笺校》，朱金城笺注，上海：上海古籍出版社，1988 年。

（唐）李隆基：《大唐六典》，（唐）李林甫注，[日]广池千九郎校注，[日]内田智雄补订，西安：三秦出版社，1991 年。

（宋）程颢、程颐：《二程集》，王孝鱼点校，北京：中华书局，2004 年。

（宋）陈耆卿：《嘉定赤城志》，北京：中华书局，1990 年。

（宋）李焘：《续资治通鉴长编》，（清）黄以周等辑补，上海：上海古籍出版社，1986 年。

（宋）林逋：《林和靖集》，沈幼徵校注，杭州：浙江古籍出版社，2016 年。

（宋）欧阳修、宋祁：《新唐书》，北京：中华书局，1975 年。

（宋）欧阳修：《欧阳修诗文集校笺》，洪本健校笺，上海：上海古籍出版社，2009 年。

（宋）沈括：《梦溪笔谈》，金良年点校，北京：中华书局，2015 年。

（宋）苏轼：《苏轼文集》，孔凡礼点校，北京：中华书局，1986 年。

（宋）苏颂：《苏魏公文集》，王同策等点校，北京：中华书局，1988 年。

（宋）吴自牧：《梦粱录》，杭州：浙江人民出版社，1980 年。

（宋）叶适：《习学记言序目》，北京：中华书局，2009 年。

（宋）周密：《武林旧事》，钱之江校注，杭州：浙江古籍出版社，2011 年。

（宋）祝穆：《古今事文类聚》，上海：上海古籍出版社，1992 年。

（元）《礼记》，陈澔注，金晓东校点，上海：上海古籍出版社，2016 年。

（元）脱脱：《宋史》，北京：中华书局，1976 年。

（明）《万历杭州府志》，陈善纂修，杭州市地方志编纂委员会整理，北京：中华书局，2005 年。

（明）高濂：《四时幽赏录》，[日]野间三行绘，杭州：浙江古籍出版社，2018 年。

（明）郎瑛：《七修类稿》，上海：上海书店出版社，2009 年。

（明）李流芳：《李流芳集》，杭州：浙江人民美术出版社，2012 年。

（明）聂心汤：《万历钱塘县志》，扬州：广陵书社，2008 年。

（明）沈应文：《万历顺天府志》，北京：中国书店，2011 年。

（明）田汝成：《西湖游览志余》，杭州：浙江人民出版社，1980 年。

（明）吴之鲸：《武林梵志》，上海：上海古籍出版社，1993 年。

（明）杨尔曾：《海内奇观》，杭州：浙江人民美术出版社，2015 年。

（明）俞思冲等：《西湖志类钞》，台北：成文出版社，1983 年。

（明）王夫之：《船山全书》，长沙：岳麓书社，2011 年。

（明）王守仁：《王阳明全集》，上海：上海古籍出版社，2011 年。

（明）张岱：《陶庵梦忆·西湖梦寻》，马兴莱点校，北京：中华书局，2007 年。

（清）董诰等：《全唐文》，北京：中华书局，1983 年。

（清）傅王露等：《西湖志》，杭州：杭州出版社，2001 年。

（清）嵇曾筠等：《浙江通志》，上海：上海古籍出版社，1991 年。

（清）焦循：《孟子正义》，沈文倬点校，北京：中华书局，2017 年。

（清）沈德潜：《西湖志纂》，王国平：《西湖文献集成·第 7 册：清代史志西湖文献专辑》，杭州：杭州出版社，2004 年。

（清）释际祥：《重修罗汉殿记》，《净慈寺志》，杭州：杭州出版社，2006 年。

（清）魏源：《魏源全集》，长沙：岳麓书社，2004 年。

（清）佚名：《西湖岁修章程全案》，王国平：《西湖文献集成·第 9 册：清代史志西湖文献专辑》，杭州：杭州出版社，2004 年。

（清）翟灏等：《湖山便览》，上海：上海古籍出版社，1998 年。

（清）卞永誉等：《式古堂书画汇考·南宋院画录》，上海：上海古籍出版社，1991 年。

（清）吴任臣：《十国春秋》，徐敏霞、周莹点校，北京：中华书局，

1983 年。

（清）吴树虚：《大昭庆律寺志》，杭州：杭州出版社，2007 年。

（清）邵晋涵：《乾隆杭州府志》，（清）郑沄修，上海：上海古籍出版社，2002 年。

二、专著类

（一）外文著作

Morgan，Arthur E. Nowhere Was Somewhere: How History Makes Utopias and How Utopias Make History, University of North Carolina Press, 1946.

Ernst Bloch. Abschied Wonder Utopie? Hanna Gekle (Hrsg) Frankfurt/Main, 1980.

David Harvey. Social Justice and the City, Basil Blackwell Publishers, Oxford, 1973.

（二）译著

[德]保罗·蒂里希：《政治期望》，徐钧尧译，成都：四川人民出版社，1989 年。

[德]恩斯特·卡西尔：《人论》，甘阳译，上海：上海译文出版社，2004 年。

[德]科斯洛夫斯基：《资本主义的伦理学》，王彤译，北京：中国社会科学出版社，1996 年。

[德]克劳斯·黑尔德：《世界现象学》，倪梁康等译，北京：生活·读书·新知三联书店，2003 年。

[德]马丁·海德格尔：《海德格尔选集》，孙周兴译，上海：上海三联书店，1996 年。

[德] 马克思、恩格斯：《马克思恩格斯选集》，北京：人民出版社，2012 年。

[德] 尤尔根·哈贝马斯：《公共领域的结构转型》，曹卫东等译，上海：学林出版社，1999 年。

[德] 尤尔根·哈贝马斯：《交往行为理论》，曹卫东译，上海：上海人民出版社，2018 年。

[俄] 尼古拉·别尔嘉耶夫：《精神王国与恺撒王国》，安启念、周靖波译，杭州：浙江人民出版社，2000 年。

[俄] 尼古拉·别尔嘉耶夫：《历史的意义》，张雅平译，上海：学林出版社，2002 年。

[俄] 尼古拉·别尔嘉耶夫：《论人的奴役与自由》，张百春译，北京：中国城市出版社，2002 年。

[法] 丹纳：《艺术哲学》，傅雷译，北京：人民文学出版社，1963 年。

[法] 亨利·列斐伏尔：《空间的生产》，刘怀玉等译，北京：商务印书馆，2021 年。

[法] 柯布西耶：《明日之城市》，李浩译，北京：中国建筑工业出版社，2011 年。

[法] 米歇尔·柯南、[中] 陈望衡：《城市与园林：园林对城市生活和文化的贡献》，武汉：武汉大学出版社，2006 年。

[法] 裴化行：《利玛窦神父传》，管震湖译，北京：商务印书馆，1993 年。

[古希腊] 柏拉图：《理想国》，郭斌和、张竹明译，北京：商务印书馆，1986 年。

[加] 查尔斯·泰勒：《公民与国家之间的距离》，汪晖、陈燕谷主编，《文化与公共性》，北京：生活·读书·新知三联书店，2005 年。

[美] W.J.T. 米切尔：《风景与权力》，杨丽、万信琼译，南京：译林

出版社，2014 年。

[美] 奥斯特罗姆等：《制度分析与发展的反思——问题与抉择》，王诚等译，北京：商务印书馆，1992 年。

[美] 保罗·康纳顿：《社会如何记忆》，纳日碧力戈译，上海：上海人民出版社，2000 年。

[美] 本尼迪克特·安德森：《想象的共同体：民族主义的起源与散布》，吴叡人译，上海：上海人民出版社，2016 年。

[美] 彼德·布劳：《社会生活中的交换与权力》，孙非、张黎勤译，北京：华夏出版社，1988 年。

[美] 查尔斯·瓦尔德海姆：《景观都市主义》，刘海龙、刘东云、孙璐译，北京：中国建筑工业出版社，2011 年。

[美] 大卫·哈维：《希望的空间》，胡大平译，南京：南京大学出版社，2006 年。

[美] 费正清、费维恺：《剑桥中华民国史：1912—1949 年》，北京：中国社会科学出版社，1994 年。

[美] 汉娜·阿伦特：《人的境况》，王寅丽译，上海：上海人民出版社，2021 年。

[美] 汉娜·阿伦特：《人的条件》，竺乾威等译，上海：上海人民出版社，1999 年。

[美] 柯林·罗：《拼贴城市》，童明译，北京：中国建筑工业出版社，2003 年。

[美] 刘易斯·芒福德：《城市发展史——起源、演变和前景》，宋俊岭、倪文彦译，北京：中国建筑工业出版社，2005 年。

[美] 刘易斯·芒福德：《乌托邦的故事：半部人类史》，梁本彬、王社国译，北京：北京大学出版社，2019 年。

[美]乔·奥·赫茨勒:《乌托邦思想史》,张兆麟等译,北京:商务印书馆,1990年。

[美]塞萨·洛等:《城市公园反思——公共空间与文化差异》,魏泽崧等译,北京:中国建筑工业出版社,2013年。

[日]夫马进:《中国善会善堂史研究》,伍跃、杨文信、张学锋译,北京:商务印书馆,2005年。

[日]内山精也:《宋代八景现象考》,陈广宏、益西拉姆译,王水照、何寄澎、李伟国编:《新宋学》第二辑,上海:上海辞书出版社,2003年。

[日]森田明:《清代水利与区域社会》,雷国山译,济南:山东画报出版社,2008年。

[日]斯波义信:《宋代江南经济史研究》,方健、何忠礼译,南京:江苏人民出版社,2012年。

[意]利玛窦、[比]金尼阁:《利玛窦中国札记》,何高济等译,北京:中华书局,1983年。

[意]马可·波罗:《马可波罗行纪》,冯承钧译,上海:上海书店出版社,2006年。

[意]马可·波罗:《马可波罗行纪》,[法]沙海昂注,冯承钧译,北京:商务印书馆,2011年。

[英]彼得·霍尔、科林·沃德:《社会城市——埃比尼泽·霍华德的遗产》,黄怡译,北京:中国建筑工业出版社,2009年。

[英]E.霍布斯鲍姆,T.兰格:《传统的发明》,顾杭、庞冠群译,南京:译林出版社,2004年。

[英]埃比尼泽·霍华德:《明日的田园城市》,金经元译,北京:商务印书馆,2000年。

[英]迈克·克朗:《文化地理学》,杨淑华、宋慧敏译,南京:南

京大学出版社，2005 年。

[英]托马斯·莫尔：《乌托邦》，戴镏龄译，北京：商务印书馆，2011 年。

（三）中文专著

鲍志成：《马可波罗与天城杭州》，香港：香港新风出版社，2000 年。

陈鼓应：《老子今注今译》，北京：商务印书馆，2003 年。

陈国灿：《中国古代江南城市化研究》，北京：人民出版社，2010 年。

陈寅恪：《金明馆丛稿初编》，上海：上海古籍出版社，1980 年。

范祖述：《杭俗遗风》，上海：上海文艺出版社，1989 年。

冯俊：《西湖博览会》，杭州：杭州出版社，2004 年。

傅伯星：《大宋楼台——图说宋人建筑》，上海：上海古籍出版社，2020 年。

傅舒兰：《杭州风景城市的形成史——西湖与城市的形态关系演进过程研究》，南京：东南大学出版社，2015 年。

傅璇琮：《全宋诗》，北京：北京大学出版社，1993 年。

龚缨晏：《欧洲与杭州：相识之路》，杭州：杭州出版社，2004 年。

顾颉刚：《顾颉刚民俗学论集》，钱小柏编，上海：上海文艺出版社，1998 年。

韩一飞：《西湖老明信片》，杭州：杭州出版社，2006 年。

何一民：《中国城市史纲》，成都：四川大学出版社，1994 年。

侯外庐：《中国古代社会史论》，石家庄：河北教育出版社，2000 年。

胡道静：《梦溪笔谈校证》，北京：中华书局，2016 年。

赖骞宇、徐玉红：《民国杭州西湖景观文化传播》，杭州：杭州出版社，2012 年。

李娜：《〈湖山胜概〉与晚明文人艺术趣味研究》，杭州：中国美术学院出版社，2013 年。

李学勤：《十三经注疏》，北京：北京大学出版社，1999 年。

林正秋：《杭州城市建设史研究》，北京：中国文史出版社，2012 年。

毛华松：《礼乐的风景：城市文明演变下的宋代公共园林》，北京：中国建筑工业出版社，2016 年。

牟宗三：《政治与道德》，台北：学生书局，1987 年。

聂友军：《取醇集：日本五山文学研究》，上海：上海交通大学出版社，2015 年。

潘志良：《西湖古版画》，杭州：杭州出版社，2020 年。

庞学铨：《品味西湖三十景》，杭州：杭州出版社，2013 年。

钱林森：《20 世纪法国作家与中国》，南京：南京大学出版社，2001 年。

石守谦：《移动的桃花源：东亚世界中的山水画》，北京：生活·读书·新知三联书店，2021 年。

宋翔、陈小法：《日本人眼中的西湖》，杭州：杭州出版社，2021 年。

汤洪庆：《杭州城市早期现代化研究（1896—1927）》，北京：中国社会科学出版社，2013 年。

汤用彤：《隋唐佛教史稿》，北京：中华书局，1982 年。

唐克扬：《洛阳在最后的时光里》，桂林：广西师范大学出版社，2018 年。

汪民安：《身体、空间与后现代性》，南京：江苏人民出版社，2006 年。

王处辉：《中国社会思想史》，天津：南开大学出版社，1989 年。

王国平：《城市怎么办》，北京：人民出版社，2013 年。

王国平：《西湖文献集成》，杭州：杭州出版社，2004 年。

王树声：《黄河晋陕沿岸历史城市人居环境营造研究》，北京：中国建筑工业出版社，2009 年。

王双阳：《西湖图像志》，杭州：中国美术学院出版社，2018 年。

王水福：《西湖风情画》，杭州：杭州出版社，2004 年。

王水照：《宋代文学通论》，开封：河南大学出版社，1997 年。

王耀武：《西方城市乌托邦思想与实践研究》，北京：中国建筑工业出版社，2012 年。

王颖：《城市社会学》，上海：上海三联书店，2005 年。

王兆明、付朗云主编：《光绪杭州府志》，上海：上海书局出版社，1991 年。

韦政通：《中国思想史》，台北：水牛出版社，1980 年。

魏承思：《中国佛教文化论稿》，上海：上海人民出版社，2015 年。

闻人军译注：《考工记译注》，上海：上海古籍出版社，2008 年。

吴志强、李德华：《城市规划原理》，北京：中国建筑工业出版社，2010 年。

吴宗国：《中国古代官僚政治制度研究》，北京：北京大学出版社，2004 年。

夏咸淳、曹林娣：《中国园林美学思想史》，上海：同济大学出版社，2015 年。

徐承：《西湖景观美学与佛教》，北京：团结出版社，2010 年。

徐复观：《论艺术》，北京：九州出版社，2014 年。

徐复观：《中国思想史论集》，上海：上海书店出版社，2004 年。

徐吉军：《南宋临安社会生活》，杭州：杭州出版社，2011 年。

徐吉军：《西湖之堤》，杭州：杭州出版社，2008 年。

许金生：《日本园林与中国文化》，上海：上海人民出版社，2007 年。

严耕望：《中国地方行政制度史：秦汉地方行政制度》，上海：上海古籍出版社，2007 年。

姚文放：《中国古典美学中的生态乌托邦思想》，《当代生态文明视野中的美学与文学国际学术研讨会论文集》，郑州：河南人民出版社，

2005 年，第 302-306 页。

叶朗：《观·物——哲学与艺术学术研讨会》，北京：北京大学出版社，2019 年。

叶自新：《西湖三十景》，杭州：浙江科学技术出版社，2009 年。

余秋雨：《文化苦旅》，北京：中国文学出版社，2009 年。

余英时：《士与中国文化》，上海：上海人民出版社，1987 年。

俞可平：《治理与善治》，北京：社会科学文献出版社，2000 年。

张法：《中国美学史》，上海：上海人民出版社，2000 年。

赵光辉：《中国寺庙的园林环境》，北京：北京旅游出版社，1987 年。

郑拔驾：《新西湖》，上海：上海三民图书公司，1930 年。

郑瑾：《杭州西湖治理史》，杭州：浙江大学出版社，2010 年。

中华书局编辑部点校：《全唐诗》（增订本），北京：中华书局，1999 年。

钟毓龙：《说杭州》，杭州：浙江人民出版社，1983 年。

周峰：《南北朝前古杭州》，杭州：浙江人民出版社，1997 年。

周峰：《元明清名城杭州》，杭州：浙江人民出版社，1997 年。

周辅成：《西方伦理学名著选辑》上卷，北京：商务印书馆，1964 年。

周宁：《孔教乌托邦》，北京：学苑出版社，2004 年。

周宁：《天朝遥远：西方的中国形象研究》，北京：北京大学出版社，2006 年。

周维权：《中国古典园林史》，北京：清华大学出版社，2008 年。

周膺、吴晶：《南宋美学思想研究》，上海：上海古籍出版社，2012 年。

周振鹤：《中国地方行政制度史》，上海：上海人民出版社，2005 年。

朱钧珍：《中国园林植物景观艺术》，北京：中国建筑工业出版社，2003 年。

三、论文类

（一）外文期刊

Madanipour A. Dimensions of urban public space: The case of the Metro Centre, Gateshead, in Urban Design Studies, 1995, Vol. 1.

Nemeth J, Schmidt S. The privatization of public space: Modeling and measuring publicness, in Environment and Planning B: Planning and Design, 2011, Vol. 38.

（日）須藤訓平、渡部一二：広重の描いた『名所江戸百景』にみる水辺空間の構成に関する研究，ランドスケープ研究，2006 年第 69 巻第 5 期，第 725-730 頁。

（二）学位论文

陈丽茹：《明清西湖小说中的地域文化研究》，延边大学博士学位论文，2017 年。

蔡青辰：《应然的人生：西方乌托邦文学及其理论研究》，浙江大学博士学位论文，2021 年。

刘明辉：《魏晋士人政治心态类型研究》，南开大学博士学位论文，2010 年。

田杰英：《〈礼运〉社会理想研究》，中共中央党校博士学位论文，2014 年。

王明洁：《当代中国文化建筑公共性研究》，华南理工大学博士学位论文，2020 年。

王双阳：《古代西湖山水图研究》，中国美术学院博士学位论文，2009 年。

王涛锴：《西湖梦寻：17 世纪杭州士人的社会网络与文化生活》，南开大学博士学位论文，2012 年。

吴文：《杭州西湖风景名胜区的历史沿革与发展研究（1949—2004）》，清华大学硕士学位论文，2004年。

杨童周：《杭州西湖汉传佛寺园林空间研究》，浙江大学硕士学位论文，2015年。

姚祥翔：《愿景、困境与启示：西方多元民主视野下的政治秩序》，南昌大学硕士学位论文，2019年。

叶榕：《清中后期至民国初年杭州西湖浚治的主体变迁及其环境影响（1724—1927年）》，浙江大学博士学位论文，2019年。

郑辰暐：《江南都城城市形态变迁研究——一种城市历史图学的研究视角》，东南大学博士学位论文，2019年。

周霞：《中国古代非公共园林的"公共性"研究》，中国农业大学博士学位论文，2019年。

周祥：《广州城市空间形态及其演进研究》，华南理工大学博士学位论文，2010年。

（三）中文期刊

鲍新山、张建融：《宋代杭州的节庆旅游》，《浙江学刊》2010年第2期，第207-214页。

曹正汉、钟珮、聂晶：《郡县制国家现代化：中央政府如何扩大公共事务治理职能》，《学术月刊》2021年第9期，第95-112页。

陈光照：《西湖景美是苏堤》，《风景名胜》1996年第6期，第24-25页。

陈国灿：《论南宋浙东事功学派的历史地位》，《浙江师范大学学报》1995年第6期，第24-28页。

陈珲：《"西湖清趣图"为南宋院画考》，《杭州文博》2014年第1期，第18-21页。

陈立旭：《社会复合主体与文化认同》，《中共浙江省委党校学报》

2011 年第 2 期，第 88-95 页。

陈同滨、傅晶、刘剑：《世界遗产杭州西湖文化景观突出普遍价值研究》，《风景园林》2012 年第 2 期，第 68-71 页。

陈伟、李隽：《马克思主义唯物史观视域下的"乌托邦"与"美的理想"》，《马克思主义美学研究》集刊第 19 卷第 2 期，2017 年，第 13-24 页。

陈文锦：《西湖申遗——西湖定义：最能体现中国传统文化核心价值的审美实体》，《风景名胜》2009 年第 1 期，第 40-43 页。

陈翔、王量量、王珺：《中国古代社会思想转型与城市建设演变的关系》，《城市建筑》2021 年第 1 期，第 115-118 页。

陈永华：《五山十刹制度与中日文化交流》，《浙江学刊》2003 年第 4 期，第 199-202 页。

陈志瑛：《西湖综保："只有逗号、没有句号"》，《杭州（生活品质）》2010 年第 9 期，第 32 页。

陈竹、叶珉：《西方城市公共空间理论——探索全面的公共空间理念》，《城市规划》2009 年第 5 期，第 59-65 页。

成荫：《南宋临安西湖游乐活动与官方公共服务》，《宋史研究论丛》2006 年第 1 期，第 338-353 页。

崔晶：《从"地方公务委让"到"地方合作治理"——中国地方政府公共事务治理的逻辑演变》，《华中师范大学学报（人文社会科学版）》2015 年第 4 期，第 1-8 页。

邓小南：《宋代历史再认识》，《河北学刊》2006 年第 5 期，第 98-99、104 页。

都铭、张云、陈进勇：《园林、风景与城市：近代城湖关系变迁下西湖湖上园林的演进与转型》，《中国园林》2019 年第 4 期，第 52-57 页。

范文豪：《侘寂词义辨析及其美学应用》，《艺术科技》2016 年第 3

期，第 215 页。

傅舒兰、西村幸夫：《论杭州城湖一体城市形态的形成——从近代初期湖滨地区建设新市场计画相关的历史研究展开》，《城市规划》2014 年第 12 期，第 15-22 页。

盖立涛：《墨家的天下关怀与公共精神》，《理论月刊》2017 年第 3 期，第 41-45 页。

高小康：《都市发展与公共空间建设》，《世博会与都市发展国际学术研讨会论文集》，2010 年 10 月 29 日，第 145-147 页。

葛荃、张长虹：《"公私观"三境界析论》，《天津社会科学》2003 年第 5 期，第 134-139 页。

郭齐勇、陈乔见：《孔孟儒家的公私观与公共事务伦理》，《中国社会科学》2009 年第 1 期，第 57-64 页。

郭学信：《宋代俗文化发展探源》，《西北师大学报（社会科学版）》2005 年第 3 期，第 59-62 页。

洪泉、唐慧超等：《清前期浙江总督李卫的杭州西湖治理与公共游赏体系建设》，《中国园林》2020 年第 9 期，第 139-144 页。

洪泉、唐慧超：《基于〈四时幽赏录〉的晚明文人西湖游赏心态与行为探析》，《北京林业大学学报（社会科学版）》2017 年第 2 期，第 14-20 页。

洪泉：《图像视角下的西湖传统园林研究初探》，《中国风景园林学会 2018 年会论文集》，2018 年 10 月 20 日，第 550-556 页。

侯丽：《理想社会与理想空间——探寻近代中国空想社会主义思想中的空间概念》，《城市规划学刊》2010 年第 4 期，第 104-110 页。

胡海义：《运河与西湖小说兴起的四重空间》，《中国文化研究》2019 年第 3 期，第 77-88 页。

胡鉴：《杭州人三评西湖十景》，《浙江画报》2007 年第 12 期，第

16-17 页。

胡群英：《中国古代早期的公观念及公共性思想探微》，《社科纵横》2009 年第 8 期，第 114-116 页。

黄德平、宋璇珊：《从"西湖十景"图彩绘瓷谈清代山水瓷画新风》，《陶瓷研究》2012 年第 2 期，第 94-96 页。

金观涛：《中国文化的乌托邦精神》，《二十一世纪》1990 年第 2 期，第 17-32 页。

康保成：《"瓦舍"、"勾栏"新解》，《文学遗产》1999 年第 5 期，第 38-45 页。

柯梦莹、李峻峰：《中国古代寺院园林公共性流变》，《中外建筑》2021 年第 5 期，第 181-186 页。

兰雪花、柯远扬：《关于中国古代民本思想的几点认识》，《朱子文化》2020 年第 2 期，第 8-11 页。

孔颖：《芥川龙之介的杭州之行——一个大正西湖梦的破灭》，《浙江工商大学学报》2009 年第 4 期，第 72-76 页。

李慧希、尹航：《文人园林——迈向第三自然的中国式"乌托邦"尝试》，《中国园林》2013 年第 1 期，第 91-94 页。

李晓愚：《论晚明的旅游与出版风尚：以杨尔曾〈新镌海内奇观〉为例》，《南方文坛》2018 年第 6 期，第 26-31、38 页。

李亚、龙赟：《中国古代公共游览的典范——论南宋西湖的景观功能与社会意义》，《中国园林》2004 年第 3 期，第 70-72 页。

廉如鉴：《"崇公抑私"与"缺乏公德"——中国人行为文化的一个悖论》，《江苏社会科学》2015 年第 2 期，第 92-98 页。

林正秋：《古代的杭州》，《杭州大学学报（哲学社会科学版）》1978 年第 2 期，第 127-138 页。

刘洛君、张春梅：《中古时期西方想象中的中国形象——解码〈马可·波罗游记〉与〈利玛窦中国札记〉》，《汉字文化》2021 年第 6 期，第 113-114 页。

刘骧群、王耀武：《城市乌托邦的现实意义》，《学术交流》2006 年第 11 期，第 136-139 页。

刘泽华：《春秋战国的"立公灭私"观念与社会整合》，《南开学报》2003 年第 4 期，第 63-72 页。

鲁西奇、马剑：《城墙内的城市？——中国古代治所城市形态的再认识》，《中国社会经济史研究》2009 年第 2 期，第 7-16 页。

罗华莉：《中国古代公共性园林的历史探析》，《北京林业大学学报（社会科学版）》2015 年第 2 期，第 8-12 页。

马娜：《从〈洛阳伽蓝记〉论北魏洛阳城市佛寺园林》，《华中建筑》2006 年第 11 期，第 172-173、182 页。

莫显英：《反乌托邦写作及其后现代文化品性》，《浙江大学学报》1997 年第 2 期，第 119-130 页。

戚子鑫：《图示〈乌托邦〉》，《华中建筑》2010 年第 5 期，第 10-13 页。

秦德君：《范仲淹为何灾年赛龙舟》，《决策》2019 年第 5 期，第 8 页。

秦菊波：《早期儒家"贵公"观的理论范式及其历史意义》，《社会科学家》2009 年第 10 期，第 32-35 页。

冉庄：《"桃花源"原型探究》，《重庆社会科学》2002 年第 1 期，第 50-52 页。

任轶霏：《试述清代西湖全景图的谱系》，《形象史学》2021 年第 2 期，第 270-287 页。

邵培仁、潘祥辉：《论媒介地理学的发展历程与学科建构》，《徐州师范大学学报（哲学社会科学版）》2006 年第 1 期，第 131-136 页。

沈福煦：《西湖十景总说——"西湖十景十谈"之一》，《园林》2000 年第 8 期，第 8-9 页。

沈文凡、徐婉琦：《调和偕适：白居易诗歌的儒禅观》，《吉林大学社会科学学报》2021 年第 5 期，第 212-221、240 页。

孙良：《浅谈南宋时期中日佛教文化交流——以杭州为例》，《创意城市学刊》2020 年第 1 期，第 233-241 页。

[日]伊藤正彦：《"传统社会"形成论＝"近世化"论与"唐宋变革"》，《宋史研究论丛》第 14 辑，河北大学出版社，2013 年，第 201-225 页。

田俊武、陈玉华：《东方乌托邦——欧洲中世纪旅行文学中的北京形象》，《外国语文》2018 年第 1 期，第 41-45 页。

涂可国、孙秋英：《传统儒家公私观及其对新时代公民道德建设的启示》，《东岳论丛》2020 年第 8 期，第 60-76 页。

汪行福：《乌托邦精神的复兴——西方马克思主义对乌托邦的新反思》，《复旦学报（社会科学版）》2009 年第 6 期，第 11-18 页。

汪利平、朱余刚、侯勤梅：《杭州旅游业和城市空间变迁（1911—1927）》，《史林》2005 年第 5 期，第 97-106 页。

王健：《明清以来杭州进香史初探——以上天竺为中心》，《史林》2012 年第 4 期，第 89-97 页。

王杰：《乡愁乌托邦：乌托邦的中国形式及其审美表达》，《探索与争鸣》2016 年第 11 期，第 4-10 页。

王劲韬：《苏东坡时期杭州西湖的水利及水文化探析》，《中国园林》2018 年第 6 期，第 14-18 页。

王劲韬：《中国古代园林的公共性特征及其对城市生活的影响——以宋代园林为例》，《中国园林》2011 年第 5 期，第 68-72 页。

王明杰、李晓月、王毅：《西方学界公共性理论研究评述及展望》，

《公共管理与政策评论》2021 年第 4 期，第 155-164 页。

王双阳、吴敢：《文人趣味与应制图式 清代的西湖十景图》，《新美术》2015 年第 7 期，第 48-54 页。

王欣、何嘉丽：《杭州西湖"公园化"历史及文化变迁研究》，《中国名城》2020 年第 3 期，第 47-52 页。

王一名、陈洁：《国外城市空间公共性评价研究及其对中国的借鉴和启示》，《城市规划学刊》2016 年第 6 期，第 72-82 页。

温权：《列斐伏尔城市批判理论的空间辩证法内涵》，《求是学刊》2019 年第 4 期，第 10-19 页。

吴海庆：《古代江南生态乌托邦及其实践》，《浙江社会科学》2011 年第 1 期，第 89-93、100、158 页。

吴晶、周膺：《南宋临安的政教调和》，《国际社会科学杂志（中文版）》2020 年第 3 期，第 5、9-10、38-56 页。

吴宁：《列斐伏尔的城市空间社会学理论及其中国意义》，《社会》2008 年第 2 期，第 112-127 页。

吴庆洲：《杭州西湖文化景观的兴废及其启示》，《保国寺大殿建成 1000 周年学术研讨会暨中国建筑学会建筑史学分会 2013 年年会论文集》，2013 年，第 198-214 页。

吴洲：《公共性问题的视野——对中国古代"公""私"观念的慎思明辨》，《王学研究》2016 年第 2 期，第 155-197 页。

夏攀、吴潇琳：《世界遗产的公共性实现——以杭州西湖文化景观为例》，《文化学刊》2020 年第 11 期，第 55-58 页。

徐翔：《文化认同建构中的超越性》，《长春市委党校学报》2011 年第 4 期，第 27-31 页。

杨丽娟、杨培峰：《空间正义视角下的城市公园：反思、修正、研究框架》，《城市发展研究》2020年第2期，第38-45页。

杨燕：《陶渊明在儒家道统中的地位新论——对〈桃花源记〉主旨的一种剖析》，《吉首大学学报（社会科学版）》2005年第4期，第143-147页。

叶超：《城市规划中的乌托邦思想探源》，《城市发展研究》2009年第8期，第59-63页。

苑秀丽：《论儒家公私观的基本特点》，《东方论坛》2016年第2期，第30-35页。

约翰·弗里德曼、王红扬、钱慧：《美好城市：为乌托邦式的思考辩护》，《国外城市规划》2005年第5期，第21-27页。

岳立松：《清代西湖十景图的"圣境"展现与空间政治》，《北京社会科学》2016年第12期，第34-40页。

张海鸥：《宋代文人的谪居心态》，《求索》1997年第4期，第95-99页。

张隆溪：《乌托邦：世俗理念与中国传统》，《二十一世纪》1999年第2期，第95-103页。

张晰：《民国时期三任杭州市长的周象贤》，《浙江档案》2007年第10期，第36-37页。

张永清：《马克思主义文学批评的困境与出路》，《中国人民大学学报》2010年第3期，第22页。

张羽佳：《权力、空间知识型与乌托邦》，《探索与争鸣》2016年第8期，第84-88页。

张兆曙：《社会复合主体：杭州城市建设中的组织创新》，《长春市委党校学报》2011年第4期，第72-75页。

张中：《空间伦理与文化乌托邦》，《华中科技大学学报（社会科学版）》2010年第1期，第17-21页。

郑嘉励：《"西湖清趣图"所绘为宋末之西湖》，《杭州文博》2014

年第 1 期，第 12-17 页。

钟虹滨、臧晓琳：《"潇湘八景"绘画对日本"八景"画的影响》，《艺海》2012 年第 2 期，第 66-67 页。

周东华：《描述"人间天堂"：20 世纪前西方人对"杭州"的集体记忆——以 1640 年穆联"行在城"绘画为切入点》，《晋阳学刊》2018 年第 5 期，第 77-88、118 页。

周宁：《东风西渐：从孔教乌托邦到红色圣地》，《文艺理论与批评》2003 年第 1 期，第 122-137 页。

朱晓鹏：《论南宋儒学的内在化转向及其主要原因》，《学术界》2018 年第 12 期，第 5-12 页。

朱汉民：《宋学的多元思想与地域学统》，《天津社会科学》2021 年第 1 期，第 155-160 页。

[日] 沟口雄三：《中国公私概念的发展》，汪婉译，《国外社会科学》1998 年第 1 期，第 60-71 页。

后　记

与西湖有缘。

非常幸运的，我研究生毕业后从事城市学研究工作。办公地临近西湖，忙中偷闲，总可以徜徉在湖光山色之中寻找灵感。那时，每到周末，大家就会组织读书会讨论各种城市问题，探索理想城市模型。当时并不经意，起初办公的四合院就是西湖文献研究室。

历史积淀的美令人陶醉。西湖如同一本书，读之令人爱不释手；西湖又如一幅画卷，令人百看不厌。身在其中的喜悦和幸福，是青春岁月里的一道亮色。随着单位搬离西湖，很长时间忙碌于城市问题研究，然而时有困惑。城市让生活更美好了吗？什么才是理想的城市和理想的生活？回归初心，西湖给了我答案。于是，就有了这本书。

西湖的一勺水，从古到今究竟藏着多少迷人的秘密？如果说西湖有性别，它一定是温婉的女性，汇集了江南女子的美。如果说城市有性别，杭州也一定是女性。有江、河、湖、海、溪的水滋润着这片土地，水光潋滟里永远荡漾着人们对理想生活的希冀。许多年前，我曾颓唐失落地漫步在白堤之上，感受着春天略带阴冷的清风，陷入了深深的迷茫。当时，一位老人奔跑着从我身边飞驰而过，他的脸上绽放着红彤彤的笑容，脚步轻快，手上拽起来二十多米长的一条红色巨龙。一群孩子追着、喊着，好奇又期待。红色风筝几经盘旋终于飞向天空，就像鱼儿在水里自由游弋一般快活。望着它越飞越高，我的心情也一下子明朗了起来。许多年后，我都不曾忘记天空中那一抹红。

城市景观承载着新老杭州人的记忆与情感，而西湖的美长存于历代文人的记忆里，也刻进了城市基因之中。西湖的诗情画意，如同一首中华文明的"乡愁恋歌"，似乎是所有读书人的一场梦。梦中有山水清远，梦中有俊俏佳人，梦中有风月无边，梦里有佳期相会，梦中有诗酒年华。当然，梦里还有太平盛治，梦里有天下为公，梦中有与民同乐，梦里有经世致用，梦有中隐之乐。泛舟湖上，就连不会作诗的人都能哼上几句。

诗人弗里德里希·荷尔德林说：人生在世，成绩斐然，却还依然诗意地栖居在大地上。栖居是立足空间之上的生存状态，而诗意是人类思想之中想象或建造的世界。千百年来，人类对于理想栖居之所孜孜以求，为的便是追求更加美好的生活，更为自洽的精神满足。我喜欢西湖春天的明媚，更喜欢平湖秋月的宁静。彼时，湖光山色与水月融为一体，颇有"一色湖光万顷秋"的意境。西湖所拥有的人居环境、文化景观如岁月沉淀，立足于现实又超越现实，这或许就是海德格尔所说的"诗意地栖居"吧。

写这本书的时候，正是一个中年少女工作、生活、学业纠缠时期，终能成稿，要感谢的人实在太多，在此无法一一道明，唯有感恩。因专业跨度大，西湖的话题又博大精深，难免挂一漏万，不当之处还请批评指正。

笔驰至此，感慨万千。人生没有退路，前进是最好的退路。感谢一路上所有的爱、接纳和鼓励。我会带着热爱继续勇敢前行。

李 燕

2023 年 3 月 20 日

燕子楼·无梦斋